아직 오지 않은 소설가에게

아직 오지 않은 소설가에게

마루야마 겐지

김난주 옮김

바다출판사

이 책을 아직 오지 않은 당신에게 바칩니다.

그리고 재직 중에 암으로 세상을 떠난

아사히신문 학예부 편집위원

마유즈미 데쓰로 씨에게 바칩니다.

이 책은 저와 마유즈미 씨가 함께한

마지막 작업일 뿐만 아니라

마유즈미 씨에게도 마지막 일이 되었습니다.

소설가가 잃어버린 것

소설을 쓰기 시작한 이십대부터 줄곧 나를 괴롭혀 온, '정말 지금 이대로 괜찮은가' 하는 의문과 정면으로 대결하기로 했습니다. 그리고 나는 참담한 패배를 맛보았습니다. 지금 일하는 방식으로는 앞으로 몇 년을 계속한들, 지금보다 나은 소설을 절대 쓸 수 없을 것이란 매우 심각한 결론에 도달한 것입니다.

소설만 파서는 먹고살 수 없다는 걸 핑계로 소설과는 별 관계없는 일도 전부 수락하다가는, 제아무리 노력해도 현재 상태를 유지하기 어려울 뿐 아니라 끝내 그 이하로 전락할 게 뻔히 보였습니다. 강연이나 TV 출연을 통해 어느 정도 이름이 알려진 소설가라는 이유로 현장에서 실력 이상의 대우를 받으면서, 이 정도에 우쭐할 만큼 어리석지는 않다고 자신하면서도, 알게 모르게 그런 특별 대우를 기분 좋게 받아들이는 습관이 붙습니다.

사람들의 시선에 취하다 보면 소설가 이상의 무엇이 된 듯한 착각에 빠져, 서재에 틀어박힌 자신이 미진하다 느끼고 소설가로서의 기본적인 시선을 잃습니다. 나아가 소설을 쓰는 일보다 몇 배는 편한데 개런티는 오히려 몇 배나 많이 받는 모순에 몸과 마음이 점차 풀어져 소설로부터 멀어지게 됩니다.

이렇게 해서 수많은 소설가가 단기간에 갈고닦을 수 있는 재능을 스스로 썩힙니다. 방만한 생활에서 불쑥 세기의 걸작이 튀어나온다는 터무니없는 소리에 모든 것을 내맡기기 때문입니다. 그런데 어찌 된 일인지, 이 나라에서는 거의 회복이 불가능한 상태에서도 처신만 잘하면 중진의 길을 걸을 수 있습니다. 예술까지 거머쥐려는 국가가 거들먹거리며 수여한 보증서 달린 지팡이를 짚고 당당하게 활보할 수 있습니다.

그들은 외국의 위대한 문호의 작품을 마치 자기 왕관인 양 자랑스럽게 머리에 쓰고서, 자신의 작품도 그와 동일한 영광의 궤적을 밟고 있는 것처럼 착각합니다. 또한 타인도 같은 착각을 하게 하려고 그럴싸하게 처신하는 데 급급합니다.

인생이 얼마 남지 않았는데도 간간이 왕관을 바꿔

쓰기만 할 뿐 여전히 자신의 왕관을 만들려 하지 않는 소설가.

구질구질하게 길기만 하고 어쭙잖은 신문 소설 정도의 완성도를 가진 글에, 어디서 빌려 온 문학론과 미끼에 지나지 않는 교양으로 덕지덕지 장식해 어떻게든 그 이상의 작품으로 보이려 안간힘을 쓰는 소설가.

그래도 불안한지 힘에 좌우되는 관계에 민감한 가짜 친구들의 도움을 빌려 자신의 작품을 치켜들게 하고는 만족하며 희열에 젖어 있는 소설가.

절박한 벼랑 끝에서 타인의 소설을 놓고 이렇다 저렇다 할 처지가 아님에도 젊은 신인의 작품을 폄하하지 않으면 관록을 드러내지 못하는 소설가.

시간이 지나도 자신의 출세작을 물로 희석한 작품밖에 쓰지 못하고, 문학과는 인연이 없는 사람들이 압도적으로 많은 세상을 향해 일류 문화인인 양 어필하는 소설가.

지금은 그 권위가 땅에 떨어졌음을 부정할 수 없는 노벨상에 기사회생의 희망을 거는 소설가.

나는 과거에 이런 소설가를 몇 명이나 보았습니다. 그러나 문학은 그들에게 죽임을 당할 만큼 한심한 예술이 아닙니다. 그들의 손이 결코 닿지 못하는 곳에 강경함을 품은 문학의 광맥이 무한하게 잠들어 있습니다. 지난 10여 년 동안 나는 그 광맥을 조금이라도 파헤치고 싶은 일념으로 그들과는 정반대의 자세로 내 소설을 써 왔습니다.

조금만 마음을 다지면 당장 오늘부터 시작할 수 있는 이 자세가, 소설가가 소설 집필에 전념해야 한다는 이 최소한의 상식이 이상적이거나 금욕적으로 보인다면, 당신이 진짜 노리는 것은 소설이 아닌 것에 있으므로 펜을 들기 전에 이렇게 자문하십시오. '정말 소설을 쓰고 싶은가' 하고.

나는 청빈함과 고고함을 위해 몸부림치고 있는 것이 아닙니다. 독선과 자승자박의 길을 달려 자멸로 향하려는 것도 아닙니다. 후세에 남을 환경을 만들려는 것도, 고루한 정신주의를 주장하는 것도 아닙니다.

나는 점차 야심이 번들거리는 사람으로 변해 가고 있습니다. 한 작품을 완성할 때마다 기존의 문학에 염증을 느껴 떠난 독자를 다시 불러 모으고, 질이 안 좋다며 소설에 등을 돌린 독자를 이끌어 오고 싶은, 그런 야망이 내 안에서 뭉게뭉게 고개를 쳐들고 있습니다.

마루야마 겐지

차례

머리말 · 소설가가 잃어버린 것 —— 7

1장 내가 기다리는 소설가

아직 오지 않은 소설가 —— 17

이상한 세계 —— 19

편히 살 수 있는 시대의 소설가 —— 21

문학적 재능 —— 25

소설가를 지망하는 세 가지 유형 —— 28

내가 고대하는 세 번째 유형 —— 32

2장 쓰면서 쓰는 방법을 터득한다

일단 쓴다 —— 37

쓰기 시작했다면 뒤돌아보지 않는다 —— 40

재능이 있으면 자기혐오에 빠진다 —— 44

언어로 바꾸면 맛이 안 사는 이미지 —— 47

적어도 일곱 번은 고쳐 쓴다 —— 50

한 작품을 완성해도 투고하지 않는다 —— 55

노트를 준비한다 —— 60

작품을 낳는 꿈 —— 63

영상에 지지 않는 표현력을 기른다 —— 67

소설가의 도구 —— 70

침묵을 지킨다 —— 72

교우 관계를 정리한다 —— 74

3장   소설가로 데뷔하고 나서

소설가로서의 첫걸음 —— 79

편집자를 너무 믿지 마라 —— 83

절대 타협하지 않는다 —— 88

원고료는 작품에 대한 평가와는 다른 것 —— 92

자립이야말로 소설가로 가는 길 —— 95

시상식에서 —— 99

원고료만으로 생활한다 —— 102

눈앞의 욕망을 채우고 만족하지 마라 —— 105

아무리 쪼들려도 선인세는 요구하지 않는다 —— 109

소설가들과의 교류 —— 111

'고독'과 '개인성'을 관철한다 —— 115

세계적으로 유례가 없는 사소설 —— 117

자기 작품을 설명하지 마라 —— 123

직장을 떠난다 —— 127

4장   펜 한 자루로 살아간다는 것

소설가에게 작품이란 —— 133

다가오는 자들 —— 135

영혼을 들여다보는 예술 —— 137

정신의 피로를 간과해서는 안 된다 —— 140

체력 관리도 중요하다 —— 142

뇌세포를 죽이는 술과 마약 —— 145

뇌는 굶주려 있을 때 가장 빛난다 —— 148

자신을 엄격하게 통제하라 —— 152

내려놓을 때가 있고 달려들 때가 있다 —— 155

도시에 살 것인가 시골에 살 것인가 —— 158

생활 수준을 낮춘다 —— 165

창조를 위한 지식 —— 168

시골이야말로 문학의 부활에 가장 적합한 장소 —— 170

권력에 다가가지 마라 —— 175

굶주린 아이 앞에서 뭘 할 수 있을까 —— 177

5장 문학의 너른 바다 한가운데로

나이에 걸맞은 작품인가 —— 185

당신이 필요하다 —— 187

장편소설의 늪 —— 190

해변을 돌아보지 마라 —— 193

써 보지 않고는 알 수 없다 —— 197

당신의 안목에 휘둘리지 마라 —— 199

고독에 넌더리가 났을 때 —— 202

소설로 돌아와 도전해야 할 일 —— 206

전작소설을 쓴다 —— 210

미래의 문학을 짊어질 사람 —— 213

1장

내가 기다리는 소설가

아직 오지 않은 소설가

이 책에서 말하는 '아직 오지 않은 소설가'는 그저 단순하고 막연하게 소설가가 되기를 꿈꾸거나 희망하는 무수한 무명의 신인을 뜻하지 않습니다. 세상에는 소설을 써 보고 싶어 하는, 혹은 이미 소설과 유사한 것을 몇 권 쓴 사람이 꽤 많습니다. 그러나 나는 그들 모두를 향해 말하는 것이 아닙니다. 우선 그 점을 분명하게 해야 실망이 적지 않을까 합니다.

또 나는 책의 매출을 늘리려는 목적으로 이 글을 쓰고 있는 것이 아닙니다. 소설 쓰는 시간을 할애해 가면서까지 이런 글을 쓰는 것은, 정말 재능이 있고 의욕이 넘치는 소설가를 위해서, 불과 한 줌도 안 되는 그들을 위해서, 반드시 이 말만은 해야겠다는 생각이 지난 30여 년 동안 쌓이고 쌓여 입에서 넘쳐흐르기 때문입니다.

그들을 제외하고, 재주는 없으면서 문학을 하겠다는 이들을 상대로 문학적으로나 예술적으로 그럴싸한 말을 하려는 의도는 조금도 없습니다. 오히려 그들에게는 신경에 거슬리고 머리에 찬물을 끼얹는 말이 될지도 모르니 그럴 가능성이 있다 싶은 이들은 미련 없이 이 책을 덮고 나쓰메 소세키, 아쿠타가와 류노스케, 다

자이 오사무, 라이너 마리아 릴케, 도스토옙스키 등 문호라 불리는 소설가들의 작품을, 또는 그들의 작품을 추종하는 소설가들의 작품을 읽기 바랍니다. 그리고 이 책에 대해서는 싹 잊고 두 번 다시 떠올리지 않기 바랍니다.

내가 기대하는 '아직 오지 않은 소설가'는 그 수가 매우 적을지도 모릅니다. 아니, 반대로 매우 많을지도 모릅니다. '아직 오지 않은 소설가'는 의외로 소설을 지망하는 사람들이 아니라 문학 따위는 유치해서 얘깃거리도 안된다고 생각하는 사람들 사이에 묻혀 있지 않을까 하는 생각이 듭니다. 만약 그런 잠재적인 소설가가 단 한 사람이라도 있다면, 그는 죽은 것이나 다름 없는 오늘날의 문학계에 구세주가 될 가능성을 지녔다고 할 수 있겠습니다. 그러니 그런 사람을 허투루 여길 수 없지요. 그가 어떤 일을 계기로 글을 쓰게 될 때를 위해서, 그리고 이 세계에 뛰어들었다가 이 안이하고 한심한 현실에 실망해 도망치지 않도록 하기 위해서 꼭 전하고 싶은 말들을 써 나가려고 합니다. 지금까지 이런 말을 해 주는, 말은 하지 않더라도 몸소 실천하는 선배 소설가가 한 명이라도 있었더라면 나는 큰 용기를 얻었을지 모릅니다. 고민하거나 옆길로 새지 않고, 똑바로 소설가의 길을 헤쳐 나갔을 것입니다.

이상한 세계

아쉽게도 나는 30여 년간 집필 활동을 해 오면서 형편없는 소설가로 추락할 뻔한 일이 몇 번이나 있었습니다. 왜 그런 바보짓을 했는지, 좋은 소설을 쓰는 데 부정적인 일만 하면서 귀중한 시간을 낭비했습니다. 제대로 했다면 지금쯤 한두 단계 질 높은 소설을 쓰고 있을 텐데, 두고두고 아쉽습니다.

스승도 동료도 없이, 사전지식 하나 없이, 오로지 소설 한 편 가지고 문학의 세계로 뛰어든 나에게 이곳은 처음에 생각했던 것만큼 이상적인 세계는 아니었습니다. 온갖 수단으로 이윤을 추구하는 회사 — 전에 내가 다녔던 직장입니다 — 가 차라리 깔끔한 세계로 보였을 정도입니다.

아무리 주변을 돌아보아도 이 소설가나 저 소설가나 내 눈에는 반면교사의 전형으로밖에 보이지 않았습니다. 그리고 그들의 작품은 그들과 어울리게 질도 낮았습니다. 그러다 마침내 어떤 사람이 어떤 방식으로 문학과 관계하는지를 확실하게 알게 된 후로 완전히 넌더리가 나서, 다시 작정하고 소설을 쓰기까지 상당한 시간이 걸렸습니다.

문학의 현실은 예나 지금이나 그리 달라지지 않았습

니다. 이대로 가면 우리나라 문학은 참담한 말로를 걷게 될 것입니다. 그리 멀지 않은 어느 날, 그나마 끈질기게 희망의 끈을 놓지 않고 있던 독자마저 외면하고 끝내는 사멸해 버릴지도 모르겠습니다.

문학이 죽는다기보다 문학에 관계하고 있는 사람들이 죽는다고 해야 맞겠군요. 안 그래도 문학 세계에 들어가고 싶어 하는 사람은 생명력이 결여된, 죽고 싶어 하는 인종으로밖에 보이지 않는 자들이 많습니다.

그런데 현실 세계는 그들에게 만만하지 않습니다. 어쩔 수 없이 그들은 펜을 쥐고 문학을 은신처 삼아 도피할 수 있는 세계, 잠시나마 잠길 수 있는 세계를 구축하는 것입니다. 그들은 언제까지나 자립하지 못하는, 자립을 원치 않는, 창조라는 행위에는 애당초 적합하지 않은 사람들입니다.

이런 현상은 비단 지금 시작된 것이 아닙니다. 문학이란 것이 생겨난 오래 전부터 그랬습니다. 그런 사람들의 척도가 알게 모르게 문단의 주류를 이루어 다른 가치관을 비문학적인 것이라 배제했고, 또 그들이 낳은 작품과 결이 맞는 독자들이 모여들어 소위 문학을 뒷받침하는 전통을 만들었습니다. 그 결과 그들과 다른 성격의 사람들은 파고들 여지가 없고 근접할 수도 없는, 이상하다고 하면 이상한 세계를 이룬 것입니다.

그렇다고 그들이 예술이 주는 감동을 전혀 인정하지 않는 무덤덤한 인간인 것일까요. 나는 그렇게 생각하지 않습니다. 그들을 감동케 할 만한 작품이 아직 세상에 없다고 생각하는 것이 옳을 겁니다. 기존의 소설가들이 창조하고 기존의 독자들이 읽어 온 문학은 위약한 정신을 기반으로 하고 있는 탓에 더 이상 쌓아 올릴 수 없는 한계에 도달했습니다. 소설가라는 직업도 가치가 없어져 그야말로 죽음의 목전에 있습니다. 특히 영상문화의 눈부신 발달과 시대가 지나면서 해방되어 온 정신이 그 죽음에 박차를 가하고 있습니다.

편히 살 수 있는 시대의 소설가

연륜 있는 소설가와 독자들이 얼굴을 찡그리고 하는 말이 있습니다.

"요즘 소설의 질이 계속 추락하고 있어."

이 한탄이 틀린 것은 아닙니다. 요즘 소설은 읽을거리가 못됩니다. 무겁거나 가볍다, 어둡거나 밝다 하는 문제가 아니라, 지나치게 유치합니다. 그렇다고 과거 한때 유행했거나 오늘날 명작의 반열에 오른 작품의 질이 좋다는 말은 아닙니다. 그런 작품에서 찾을 수 있는 의미는 근대문학의 출발선에 있었다는 것밖에 없습니다. 절대 그 이상의 의미, 예를 들어 외국 문학도 앞설 수 있는 힘은 지니고 있지 않았습니다.

기껏해야 풋내 나는 인텔리의 유치한 마음의 갈등 따위를 그렇게까지 진지하게 받아들이고 과도하고 평가해서 추앙했던 시대도 지금 생각하면 우스꽝스럽기 짝이 없습니다. 그런 작품들이 걸작으로 여겨질 만큼, 그 이후의 작품이 질이 떨어진 것입니다. 그 차이는 과연 어디에서 오는 것일까요.

나는 이렇게 생각합니다. 명작이라 일컬어지는 과거 소설 속 시대 배경은 결코 지금처럼 편히 살 수 있는 때가 아니었습니다. 암흑의 시대는 당시의 소설가를 안주하도록 놔두지 않았습니다. 그들이 세파에 시달리면서 단련되는 사이, 미약하나마 생명의 근원적인 불꽃이 튀었고, 그 희미한 불꽃을 지나치게 섬세한 신경으로 포착하고 평범한 문장으로 표현해서 간신히 읽을 수 있는 작품으로 완성한 것입니다.

당시에 비하면 훨씬 편히 살 수 있는 시대, 즉 얼마든지 도망칠 수 있는 시대에 나고 자란 소설가는 갈등의 불꽃을 경험할 기회를 얻지 못하고 인간이 무엇인지, 사람 사는 세상이 무엇인지 모른 채 미로를 위한 미로에 몸을 던지게 되었습니다. 염치도 체면도 모르고, 세상의 안색을 살피지 않은 나머지, 인간의 본질에 육박하는 힘을 급격히 잃었던 것입니다. 고작 어느 정도의 세련미 —그래 봐야 실로 얄팍하지만— 를 얻은 것에 만족하고, 불같은 정열 없이도 문학은 성립한다는 말도 안 되는 착각에 빠져, 위약함이야말로 예술의 핵심이라는 확신에 이르렀습니다. 그리하여 그 앞에 도사리고 있는 것이 자멸의 길이란 것을 깨닫지 못하고 있습니다.

그러나 문학의 가능성은 여전히 무한하게 펼쳐져 있고, 현실 앞에서 도망치거나 숨지 않는 진정한 소설가를 기다리고 있습니다. 문학이라는 너른 바다는 아직 거의 아무도 항해하지 않은 상태로 바로 거기에, 언제든지 손닿을 수 있는 곳에 드넓게 펼쳐져 있습니다. 지금까지의 문학은 대부분 해변에서 모래 놀이를 하거나 파도에 몸을 적시는 정도였을 뿐, 그 너른 바다로 나아가려 하지 않았습니다.

그렇다고 펜 한 자루를 손에 쥐고 문학의 너른 바다로 용감무쌍하게 나아간 진정한 소설가가 전혀 없었던 것은 아닙니다. 비록 적은 수이지만 있기는 했습니다. 그러나 그들은 그 시점에서는 정당한 평가를 받지 못하고 거의 무시당했습니다. 그러다 100년쯤 지난 어느 날, 문학의 본질이 무엇인지를 잘 아는 유능한 독자 덕분에 갑작스럽게 주목받기 시작해 그 나라와 그 세기를 대표하는 문학이 된 것입니다.

물론 문학의 거친 바다로 무턱대고 나아갔다가 빠져 죽은 소설가도 적지 않습니다. 혼의 영역에 다가간다는 것이 얼마나 위험한 일인지요. 그러나 진지한 마음으로 문학을 지향하고 있다면, 그 바다를 언제까지나 곁눈질하고만 있을 수는 없습니다. 안전한 해변에서 파도에 약간 몸을 적시면서, 먼바다를 바라보고 그 감상을 끄적거리는 데 그친다면 문학에 도전했다고 할 수 없습니다. 이런 유형의 소설가들에게 그 바다는 그저 바라보는 바다에 지나지 않습니다.

지팡이를 짚고 자작나무 숲을 거니는 자신을 꿈꾸고, 술을 퍼마시고 엉엉 울며 소동을 피우는 소설가는 절대 그 너른 바다로 나아갈 수 없습니다. 그들의 목적은 애당초 그런 곳에 있지 않으니까요.

그런 소설가들의 역할은 이제 끝났습니다. 나는 그렇게 생각합니다. 이제야말로 진정한 문학의 시대가 되지 않을까요. 그렇게 되고 안 되고는 기존의 소설가들과는 정반대인 소설가의 등장에 달려 있습니다. 그런 소설가들이 나타나지 않는 한, 문학은 언제까지고 부상하지 못한 채 침몰선 같은 운명을 밟게 될 겁니다.

문학적 재능

엄청난 재능을 가지고 있으면서도 지금까지의 문학이 성격에 맞지 않는다는 이유로 스스로를 문학적인 인간이 아니라고 단정하고 문학이 아닌 세계에서 재미없게 살아가던 잠재적인 '아직 오지 않은 소설가들'. 이제 드디어 그들이 나설 차례가 되었습니다.

요즘처럼 문학에 대한 고정관념을 버리고, 엉뚱한 발상을 분방한 문장에 담는 독특한 소설가가 요구되던 시대는 없었습니다. 하지만 문학을 하겠다고 나선 사람 모두가 펜 한 자루를 손에 쥐었다고 기존에 없는 새로운 소설을 쓸 수 있는 것은 아닙니다. 문제는 재능입니다. 어떤 세계에서 살든 그곳에서 성공하려면 무엇보다 재능이 절실하게 요구됩니다. 특히 예술 세계에서는 그 재능의 질이 중요합니다. 그러나 어느 세계에서나 그렇듯 문학의 세계 역시 재능은 영 없으면서 쓰기만을 좋아하는 이들이 많이 섞여 있는데, 그런 이들이 당당하게 소설가로 행세하고 있는 현실이 그저 놀라울 따름입니다.

'재능'이라는 두 글자의 능력에 대해서 단적으로 표현할 수 있는 말이 있다면 좋겠지만, 아무리 머리를 쥐어짜도 그런 말은 찾을 수 없습니다. 뭘 가지고 재능이라고 하면 좋을지 아직도 찾지 못하고 있습니다. 아마 뇌의 연구가 상당 부분 진척을 보게 되더라도 그 구조를 해명하기는 어렵겠지요. 그럼에도 재능은 절대 환영이 아니라 실존하는 것입니다. 재능 없이 훌륭한 작품을 낳을 수는 없습니다. 확실하게 존재하는 이상, 다소 장황해지겠지만 설명하지 않을 수 없겠지요.

재능이란 세상에서 널리 회자되듯 평범한 사람에 비해 어떤 특별한 힘을 지니고 있다는 것을 뜻하지 않습니다. 오히려 그 반대입니다. 평범한 사람들은 모두 갖고 있는 능력이 한두 가지 결여된 상태를 말합니다. 그것도 조금 지니고 있는 어중간한 형태가 아니라, 아예 없는 것입니다.

바꿔 말하면 불완전한 인간이라는 뜻이 될까요. 더 심하게 말하면 정신의 어느 부분이 망가져 자칫 잘못하면 범죄자로 기울 수도 있는 위험한 인물을 뜻합니다. 다만 그 정도가 문제입니다. 웬만한 재능 가지고는 애초에 이 세계에 들어오지 않는 편이 좋습니다. 가령 그들이 성공한 것처럼 보인다 해도, 결과적으로 문학을 추락시킨 장본인이 되는 경우가 많습니다. 그들이 즐겨 말하는 '친절함'은, 잘 들어 보면 타인을 향한 것이 아니라 대부분 자신을 향한 것임을 알 수 있습니다. 그런 악덕한 친절함 따위를 마음의 축으로 삼아 낳은 작품에 과연 감동할 수 있을까요. 타인을 향한 한없는 친절함과 비정함을 동시에 지닌 채 그 양 극단을 교류전류처럼 격렬하게 오가는 유형이야말로 너른 바다로 나아가는 소설가가 될 수 있습니다.

성격 파탄자는 세상에 얼마든지 있습니다. 그러나 예술가 유형의 성격 파탄자는 그리 많지 않습니다. 그저 성격이 뒤틀렸다고 소설가가 될 수 있는 것이 아니기 때문이지요. 미처 감당할 수 없을 만큼 폭탄 같은 성격을 철저하게 관리하면서 마침내 작품이라는 형태로 마무리 짓는, 정상을 넘어서는 의지의 힘이 필요하기 때문입니다. 재능의 유무에 대해서 생각할 때, 서로 모순되는 이 두 능력을 겸비하고 있느냐 하는 것이 열쇠가 됩니다.

그저 성격이 뒤틀렸을 뿐인 사람은 처음 한동안은 소설가로 폼 잡을 수 있을지 모르나, 그 이상은 기대할 수 없습니다. 그들에게는 지구력이 없기 때문입니다. 소설을 쓸 때 집중력만큼 중요한 것이 지구력입니다. 매일 쓸 수 있는 능력이지요. 자기 관리를 잘 한다는 것은 자립해 있다는 것입니다.

자립하지 못한 소설가는 파멸의 길을 걷게 됩니다. 그 길을 걸으면서 순간적인 데카당의 빛을 보고, 그 어두운 빛을 찰나의 언어로 포착해서 읽을 만한 작품을 생산하는 경우도 간혹 있습니다. 그러나 대부분의 경우 그런 자신을 감당하지 못해 작은 성공에 우왕좌왕하는가 하면, 작은 실패에도 혼란스러운 나머지 그다음 작품을 쓰지 못합니다. 가령 썼다 해도 전작을 뛰어넘기는커녕 후퇴한 경우가 태반입니다. 그래서 낙담하고 절망한 끝에, 실은 훌륭한 작품을 낳을 수 있음에도 결국 열매를 맺지 못하고 더는 견디지 못한 끝에 어느 날 자살이라는 가장 안이한 방법으로 이 세상을 떠납니다. 아마 그들은 무슨 일이든 열심히 하는 사람이 지닌 힘의 20퍼센트 정도밖에 발휘하지 못하고 생을 마감하는 것이겠지요. 그러나 결국 그렇지 못했다는 것은 사실 그들이 진정한 재능의 소유자는 아니었다는 뜻이기도 합니다. 발휘되어야 재능 아닐는지요.

소설가를 지망하는 세 가지 유형

내가 오랜 세월 고대하고 있는 '아직 오지 않은 소설가'는 다른 세계에서도 충분히 활약하면서 그 나름의 인생을 보낼 수 있는 탓에, 이것도 저것도 아닌 애매한 문학 세계에는 좀처럼 뛰어들지 않습니다.

그럼에도 나는 그들에게 이렇게 말하지 않을 수 없

습니다. 지금 하는 일에 불만이 있고, 회사원이나 하려고 태어난 것이 아니라는 절실한 후회를 하고 있으면서도, 도대체 뭘 하면 좋을지 몰라 갈팡질팡하고 있다면, 소설을 한 번 써 보지 않겠는가, 하고 말이지요.

탁월한 능력과 가치관을 지니고 있음에도 그 탁월한 능력 때문에 오히려 세상의 틀에 맞추지 못하는, 진정한 '아웃사이더'야말로 소설가에 어울리는 유형이라 하겠습니다. 사대주의자나 권위주의자는 설령 그가 문학을 더없이 사랑한다 해도 진정한 문학에는 합당하지 않습니다.

소설을 쓰려고 하는 유형에는 크게 세 가지가 있습니다.

첫째, 누구의 무슨 작품 같은 소설을 나도 써 보고 싶다는 마음에 펜을 드는 '동경 유형'. 이 유형은 전체의 90퍼센트 이상을 차지할 만큼 많습니다. 이 유형이 아주 바람직하지 않은 것은 아닙니다. 그렇지만 동경하는 작품이 있는데 굳이 자기가 쓸 필요가 있을까, 하는 의문은 던질 수 있겠군요. 이런 경우 도저히 쓰지 않고는 견딜 수 없다면 취미 수준에서 써야지 프로가 될 생각은 하지 않는 편이 좋습니다. 그들에게는 재능이 없으니까요.

창작에서 가장 중요한 것은 지금까지 없었던 새로운

세계를 개척하는 것, 즉 그 누구도 오르지 못한 높은 산에 오르거나 건너지 못한 드넓은 바다를 건너는 것입니다. 기존의 흐름을 크게 바꿀 만큼 개성적인 작품을 낳을 것이라는 강한 포부를 품는 것입니다. 그런 포부를 품을 수 있는 것이 바로 재능입니다. 그런데 타인의 작품을 동경하는 데서 출발한 자는 시간이 아무리 흘러도 동경만 할 뿐이지, 어디에도 없는 자신만의 작품을 쓰려 하지 않습니다.

이들은 자신의 머리를 장식해 줄 관을 추구할 뿐이니 소설가를 지향해서는 안 되는 사람들입니다. 이런 유형은 몇 년을 애써도 오리지널을 낳을 수 없습니다. 베끼기만 하다가 인생을 허비하고 말겠지요. 그러나 베끼기를 좋아하는 우리나라에서는 이정도 수준의 소설가도 일류 예술가로 쳐주므로 굳이 말리지는 않겠습니다.

이들은 문학 자체를 좋아하는 것이 아니라, 문학 비슷한 것에 살짝 손을 담그고 그 주변에 감도는 아련하고 모호한 분위기에 흠뻑 젖는 것일 뿐입니다. 문학을 추락과 자멸의 길로 모는 주범입니다. 이는 애국자라 자부하는 사람들이 때로 국가를 파멸의 길로 인도하는 것과 아주 유사합니다.

이들은 문학을 아네 마네 하는 불합리한 잣대를 함

부로 휘두르며, 자신의 가치관에 부합하지 않는 작품이 등장하면 비난하고 몰아내려고 합니다. 그런 작품을 인정하면 자신들이 설 자리가 없어지기 때문이지요. 이는 결국 자신들의 목을 스스로 죄는 행위인데, 이들은 그렇다는 것조차 인식하지 못합니다. 그저 자신들의 위치를 지키기 위해서, 또는 별거 아닌 고독에 시달려 무리를 짓습니다. 무리를 짓는 것이 얼마나 반문학적인 행위인지 이해하지 못하면서요. 무리 지어 있는 주제에 정체성이라는 말을 떠벌리기를 좋아하고, 겁은 많으면서 눈에 띄고 싶어 하며, 노력하기 싫어하면서 이런 것이야말로 문학적인 삶이라고 운운하고, 술과 마약과 도박에 빠지고, 쓰레기만도 못한 자신의 작품 앞에서 부끄러운 줄도 모르고 문학론—그것 역시 빌린 것이면서—을 읊어 대면서 허송세월합니다.

두 번째 유형은 앞선 유형과는 다소 다릅니다. '이 정도라면 나도 어떻게든 쓸 수 있지 않을까' 하는 생각으로 시작하는 유형입니다. 이들은 첫 번째 유형보다는 그나마 낫고 가능성도 훨씬 큽니다. 재능이 있다고는 딱 잘라 단언할 수 없지만, 해 볼 가치는 있습니다. 만약 자신의 능력을 모른 채 그렇게 생각한 것이 아니라면, 노력에 따라 상당한 선까지 도달할 수 있겠지요. 그리고 그 노력에 정치적인 거래까지 더해진다면, 기를 쓰고 써내는 소설 중 몇 작품은 그런대로 완성도도 높을 겁니다. 예술원 회원이 되는 것도 꿈은 아니겠지요. 어쩌면 문화훈장을 받을 수도 있을 겁니다.

나는 이들을 비꼬려는 게 아닙니다. 이들에게는 전하고 싶은 말이 하나도 없을 뿐입니다. 이 정도 재능으로 어떤 작품이든 멋대로 쓰면 그만입니다. 이들에게 어울리는 것은 사후의 문학 기념비나 기념관이고, 그저 기획자에 지나지 않는 이들이 편찬한 문학사에 그 이름이 기재되는 것이며, 모임에 초대되어 찍은 기념사진일 뿐, 그 이상은 아닙니다. 내가 진정 상대하려는 건 첫 번째와 두 번째 유형이 아닙니다.

내가 고대하는 세 번째 유형

자, 이제 세 번째 유형입니다. 이들이야말로 진정한 소설가가 될 수 있는 진짜 재능의 소유자입니다. '이 정도 수준을 문학이라 할 수 있는가' 하고 의심하다가 '이런 건 문학이 아니다'라고 결연하게 부정하고, 마침내 문학을 등지고 다른 삶을 선택하거나 훨씬 더 엄청난 소설을 쓰겠다는 다짐으로 펜을 드는 유형.

음악을 듣고 나서 '이게 다야' 하고 중얼거리고, 그

림을 한 차례 훑어보고는 '명화라는 작품이 이 정도 수준인가' 하고 실망하는 투로 말하는, 그런 사람을 나는 긴 세월 동안 고대하고 있습니다.

물론 이 정도 재능을 가지는 사람은 그리 흔치 않습니다. 자신만만하게 말만 앞세우거나 그럴싸하게 보이는 사람은 얼마든지 있겠지만, 알맹이가 틀림없다고 확신할 수 있는 이는 그리 많지 않습니다. 그러나 어딘가에는 분명히 있을 겁니다. 이는 나의 직감인데, 이 넓은 세상 어딘가에는 반드시 있을 겁니다.

이들이 세상으로 나오지 않는 것은 자신의 재능에 아직 눈뜨지 못했기 때문이겠지요. 어쩌면 문학 따위는 애당초 상대할 게 못 된다 여기고 돌아보지 않기 때문인지도 모릅니다. 아니면 뭘 어떻게 써야 하는지 모른 채 시간을 헛되이 보내고 있는 탓일 수도 있습니다.

만약 당신이 아직 젊고, 이런저런 일을 해 봤지만 흥미를 못 느끼고, 사회에 몸을 던졌는데 허접한 일에 허우적대는 현실이 우습게 보인다면, 이 세상에 잘 적응하지 못하지만 혼자의 힘과 능력으로 창조적인 일에 몰두하고 싶은 정열이 있다면, 부디 내 말을 끝까지 들어 주었으면 합니다.

그런 당신이 달리 할 일이 없고 인생이 따분하다고 생각하고 있다면, 반드시 이 세계로 들어오기를 바랍

니다. 당신이 펜을 들기를 바라는 마음으로, 나는 지금
부터 장황하게 늘어놓은 말을 한 권의 책으로 엮어 당
신에게 보내려 합니다.

2장

쓰면서 쓰는 방법을 터득한다

일단 쓴다

재능이 있다고 해서 원고지를 마주하자마자 바로 멋진 소설을 쓸 수 있는 것은 아닙니다. 대화에 사용되는 언어를 좀 안다거나 글로 쓰는 언어에 좀 익숙하다고 해서, 문학 작품에 바로 적용할 수 있는 것은 아니기 때문이지요.

소설을 쓰기 위해서는 어느 정도 기본기를 습득할 필요가 있지만 지금은 그런 것에 신경을 쓰지 않아도 됩니다. 단, 쓰고자 한 날부터 술술 써 나갈 수 있어야 한다는 그릇된 관념은 버려야 합니다. 그리고 일단 당신이 '이런 것이 바로 소설'이라고 생각하는 것을 400자 원고지 100매 전후의 길이로 쓰십시오. 다른 작품을 참고하지 말고 말이지요.

이는 훈련도 받지 않은 군인을 느닷없이 최전선에 배치하는 것처럼 무모한 방법일지도 모릅니다. 그러나 그렇게 하다 실패한다고 해서 죽는 일은 없습니다. 오히려 이 방법은 재능의 유무를 단기간에 파악하기에 아주 편리합니다. 재능이 있는 이는 보다 빨리 자신감을 얻을 수 있고, 재능이 없는 이는 속히 다른 세계로 갈 수 있으니 인생을 허비하지 않아도 됩니다.

쓰면서 쓰는 방법을 터득하는 것은 삼류 소설가가

강의하는 문화센터 수업에 다니는 것보다 훨씬 빨리 숙달됩니다. 게다가 기성 문학에 영향을 받는 일도 없으니 독자적으로 문학의 길을 찾을 수 있습니다. 그리고 태어나서 처음 쓴 소설을 완성하고 나면, 자신이 그저 스스로를 높이 평가해 세상을 등진 사람인지, 아니면 진짜 재능이라 할 만한 것을 지닌 사람인지가 분명해질 겁니다. 재능의 유무가 분명해지는 것만으로도 시도해 볼 가치는 있습니다.

만약 음악가나 화가가 되고 싶은 경우라면 일은 그렇게 간단하지 않습니다. 음악가는 악보 정도는 볼 줄 알아야 하고, 피아노도 칠 줄 알아야 하니까요. 화가의 경우에도 우선 데생부터 시작해야 합니다. 그런 반면 소설은 발을 들여놓기가 쉽습니다. 글자는 어느 정도 알고 있고, 도구는 펜과 원고지와 사전만 있으면 되니 실로 싸게 먹힙니다. 당신이 쓸 마음만 있다면 오늘부터, 아니 지금 당장 시작할 수 있습니다. 문학의 세계로 발을 들여놓을 수 있습니다.

어쩌면 당신은 '그럴 시간이 없다'라고 말하고 싶을지도 모르겠군요. 만약 당신의 머리에 아침부터 밤까지 머리를 쥐어뜯으며 악전고투하는 소설가의 이미지가 있다면, 그건 당치 않은 착각이니 바로 정정하십시오. 그렇게 소설을 쓰는 소설가도 많지만, 그렇게 분투한다고 그들의 작품의 질이 좋은 것은 아닙니다.

집필에 할애할 수 있는 시간은 당신이 생각하는 것만큼 길지 않습니다. 기껏해야 하루에 두세 시간 정도입니다. 물론 그 이상 쓰려고 하면 쓸 수 없는 것은 아니나, 그저 쓴 것에 불과한 결과물이 나올 뿐입니다. 즉 하루에 두어 시간 정도 시간을 내면 됩니다. 같은 두 시간이라도 일을 끝내고 지친 상태에서 쓰는 두 시간은 아무 소용이 없습니다. 가장 바람직한 시간은 여덟 시간을 숙면한 후, 다시 그로부터 두 시간이 지난 후의 두 시간입니다. 여섯 시에 일어난다면 여덟 시에서 열 시까지가 되겠군요. 일 때문에 그 시간을 활용할 수 없다면, 좀 더 일찍 자고 좀 더 일찍 일어나 보십시오. 이렇다 할 목적 없이 살고 있다면 두 시간쯤 짬을 내기가 어렵지 않을 겁니다.

그다음 문제는 뭘 어떻게 쓰느냐 하는 것이겠지요. 그러나 이것은 당신 문제이지 내 문제가 아닙니다. 다만, 이 말만은 하고 싶군요. '내가 과연 쓸 만한 것을 갖고 있는가' 하는 질문을 하면서 시작하면 안 된다는 겁니다. 그런 평론가들이나 즐기는 자문자답은 단호하게 버리십시오. 만약 그런 의문에 사로잡히다 못해 고뇌하게 된다면, 재능이 없다 판단하고 미련 없이 원래의 삶으로 돌아가야 할 것입니다. 그리고 평범하게 사십시오. 평범한 일에 열정을 쏟고, 평범하게 연애하고, 평범하게 결혼하고, 평범하게 아이를 낳고, '문학 따위는' 하고 콧방귀를 뀌면서 모두와 똑같은 삶을 살면 됩니다. 그것은 또 그것대로 더할 나위 없이 훌륭한 인생입니다.

무엇을 쓸까 고민하기도 전에 펜이 멋대로 움직인다면, 대체 뭘 쓰고 있는지도 모르는데 펜이 멈추지 않는다면, 주저 말고 이 세계로 뛰어드십시오. 그러나 난생처음 쓰는 소설이니 여러 번 써 본 사람에 비해 출발이 순조롭지는 않을 겁니다. 집필의 문턱에서 이리저리 망설이며 걸음을 떼지 못하는 것이 당연합니다. 그러니 나름의 요령이 필요하다는 점을 초보자인 당신에게 말하고 넘어가겠습니다.

쓰기 시작했다면 뒤돌아보지 않는다

우선은 절대 뒤를 돌아보지 말아야 합니다. 한 번 쓴 문장을 다시 읽어 보면서 나아가서는 안 된다는 말입니다. 그 이유는 간단합니다. 자신이 쓴 문장을 돌아보면, 바로 자기혐오에 빠질 뿐이니까요. 재능이 있으면 있는 만큼 그 정도는 심합니다. 당장 의욕을 잃고 손을 털게 될 수도 있습니다. 어떻게든 밀고 나가 보자는 생각에 문장을 고치면서 앞으로 나아갔을 경우, 손을 대면 댈수록 완성과 멀어지고, 세부적인 요소에 지나치게 치중한 나머지 전체를 놓치고 끝내 포기하게 될 겁니다.

불상을 조각할 때, 아무리 숙련된 장인이라도 통나무를 놓고 눈부터 조각하지는 않습니다. 눈썹 하나하나를 조각하고 이어서 얼굴을 깎고, 그다음 손발과 몸통을 깎는 방법으로는 신의 기술을 가진 자라도 완성할 수 없습니다. 완성했다고 해도 전체적인 균형이 무너진 엉터리 불상이겠지요. 처음에는 어디까지나 윤곽만 잡으면 됩니다. 머릿속에 있는 이미지가 대강 표현되어 있으면 충분하다 여기고 앞으로 나아가십시오. 세부적인 것은 나중으로 돌리고 말이지요. 가장 먼저 골격을 짜야 합니다.

단 한 번의 집필로 결정적인 '한 방'을 터뜨리겠다는 생각은 절대 해서는 안 됩니다. 몇 십 년을 써도 그런 일은 불가능하다는 것을 반드시 명심하십시오. 이것을 망각한 소설가들이 아주 많습니다. 거의 모두가 그렇다 해도 과언이 아닐 겁니다. 일거리를 많이 부둥켜안고 있어 시간이 부족한 탓인지, 아니면 소설이란 기껏해야 그런 것이라고 생각하는 탓인지 잘 모르겠으나,

우리나라 문학의 질이 향상되지 않는 이유가 그런 점에도 있을 것은 분명합니다.

전문 소설가가 쓴 작품 중에도, 처음 한두 장까지는 그런대로 잘 썼는데, 대여섯 장째부터 등장인물이 입고 있는 옷의 무늬, 걸음걸이, 주변 풍경, 부는 바람의 방향, 들풀의 색깔 등 자잘한 것에 지나치게 집중한 나머지 엉망이 된 작품도 드물지 않습니다. 아마 그들은 그렇게 마지막까지 간신히 써 놓고 충분히 했다고 착각하는 것입니다. 그러나 그것은 아직 한없이 통나무에 가까운 불상에 지나지 않습니다. 완성까지는 수도 없이 손질해야 합니다. 번호를 붙여 이미지를 개괄한 수준의 문장이라도 상관없으니, 절대 뒤돌아보지 말고 앞으로 나아가십시오.

그다음 주의해야 하는 것은 대화입니다. 대화는 소설을 만들어 나가는 데 있어 아주 중요한 요소입니다. 대화를 이용하면 스토리 전개나 등장인물의 심정을 독자에게 수월하게 전달할 수 있기 때문이지요. 그러나 많은 소설에서 대화가 과하게 사용되고 있습니다. 지문을 쓰기가 귀찮다고 대화로 처리하기 때문입니다. 지나치게 설명적이거나 시시껄렁한 대화, 일상적인 수준과는 거리가 먼 대화가 넘치는 나머지 작품 전체가 현실감을 잃고 부유하고 맙니다.

사람들이 일상 속에서 어떤 대화를 나누는지 한 번 귀를 기울여 보는 것도 좋겠습니다. 지인이나 친구들끼리의 대화가 아니라, 공원이나 전철 안에서 오가는 타인들의 대화가 오히려 참고가 될 겁니다. 처음에는 무슨 대화가 오가고 있는 것인지 이해되지 않을 수도 있지만, 잠시 듣다 보면 대충 어떤 얘기를 하는구나 하는 감을 잡을 겁니다. 그런 살아 있는 대화에서 배워야 생동감 있는 대화체를 구사할 수 있습니다.

　그러나 작품 안에서 대화의 분량은 최대한 적은 것이 좋습니다. 가능하면 대화체에 일절 의존하지 않는다는 생각으로 써 나가십시오. 필요한 경우에만 최소한 사용하고 바로 지문으로 돌아가십시오. 대화는 요물입니다. 대화는 소설가의 의지를 무시한 채 멋대로 움직이고, 급기야는 난동을 부려 감당할 수 없게 합니다. 작품이 실패하는 원인 대부분이 대화를 억제하지 못한 점에 있습니다.

　물론 대화의 분량에만 신경을 쓴다고 성공하는 것은 아닙니다. 지문에도 함정이 있습니다. 지나치게 설명적인 문장은 최대한 피하십시오. 이 또한 대화와 마찬가지로 최소한으로 조정하는 것이 좋습니다. 이 단계에서는 무엇보다 스토리의 흐름을 우선시해야 합니다. 초보자에게는 다소 어려운 일일지 모르겠으나, 스토리를 전개해 나가면서 설명도 하는 연습을 하십시오.

그리고 서둘러 결론을 내서는 안 됩니다. 이 소설에서 당신이 무슨 말을 하고 싶은지를 직접 노출하는 것은 반드시 피해야 합니다. 당신이 쓰고 있는 것은 소설이지 논문이 아니니까요. 논문은 자신이 전하고 싶은 것을 독자의 이성에 호소하지만, 소설은 마음을 울릴 수 있어야 합니다. 정념을 뒤흔드는 것이 문학의 최대 목적이라는 점을 꼭 기억해 두십시오.

재능이 있으면 자기혐오에 빠진다

이런 점들에 주의하면서 일단은 생각나는 대로 쑥쑥 써 나가면 됩니다. 마지막까지 어떻게든 쓰는 것이 중요합니다. 도중에 포기해서는 안 됩니다. 소설을 쓰는 데 가장 중요한 것은 무슨 일이 있어도 완성한다는 강한 의지를 갖는 것입니다. 아무리 재능이 있어도 실행에 옮기지 않으면 의미가 없습니다. 싫증이 나거나 기분이 내키지 않더라도, 이 일보다 재미있어 보이는 게 있더라도, 몸이 좋지 않더라도, 태풍이 몰아치더라도, 하루에 두 시간씩 꼬박꼬박 쓰십시오. 작품의 질을 어떻게 올릴 것인가 하는 것은 그다음 문제입니다.

자, 며칠이 지나 작품 한 편이 완성되었다고 합시다. 그러나 정말 완성된 것은 아닙니다. 어디까지나 소설 비슷한 것이 완성되었을 뿐입니다. 앞서 말했듯 딱 한 번의 집필로 세기의 걸작을 만든다는 것은 절대 불가능한 일이라는 점을 명심해야 합니다. 가끔 하룻밤 사이에 걸작을 썼다는 얘기를 듣곤 하는데, 알고 보면 그저 전설에 불과합니다. 실제로는 악전고투한 끝에 완성된 작품입니다.

장차 세계 챔피언이 될 소질이 있는 복서라도 공격과 수비를 모르고 연습도 잘 하지 않은 채 링에 오르면, 아마추어 상대를 만난다고 해도 몇 초 만에 녹다운될 겁니다. 그와 똑같습니다. 복싱을 시작한 당일 챔피언을 쓰러뜨리지 못했다고 해서 재능이 없다고 단정할 건가요. 어느 세계나 그렇지만 소설의 세계에서도 그런 경우는 불가능합니다.

이제 쓴 원고를 다시 읽으십시오. 아마 한심한 지경일 겁니다. 치졸하기 짝이 없는 문장, 다양하지 못한 어휘, 수많은 오자와 탈자, 진부한 표현, 스토리상의 모순. 소설이라고 할 수 없는 형편없는 작품일 겁니다. 부끄러운 나머지 당장 불태워 버리고 싶겠지요. 의욕을 상실하고 소설 따위는 두 번 다시 쓰지 않겠다 맹세할지도 모르겠습니다.

그러나 그래도 상관없습니다. 만약 이 단계에서 굉장한 소설을 썼다면서 창작의 희열을 운운하며 마구 써 대는 사람이 있다면, 언뜻 엄청난 재능의 소유자로 보일지 모르겠으나 그런 사람이야말로 일찌감치 문학 세계에서 발을 빼야 합니다. 싹을 틔우지 못한 채 허구한 날 쓰기만 하는 사람들이 바로 이런 유형이기 때문입니다. 재능의 유무는 타인이 자신의 작품을 이해하느냐 못하느냐가 아니라, 자신의 작품을 자신이 얼마나 정확하게 평가할 수 있느냐에 달려 있습니다.

그러니 이 시점에 손을 터는 것은 너무 성급합니다. 이 단계에서는 소설 비슷한 것이 완성되었다, 소설의 기본적인 설계도가 완성되었다고 보는 것이 옳습니다. 이를 바탕으로 이제부터 살을 붙이고 손질하면서 조금씩 자신이 원하는 작품으로 좁혀 가는 것입니다.

당신은 지금 오르려고 하는 산의 기슭에 도달했을 뿐입니다. 산꼭대기는 구름 위에 있어 보이지 않습니다. 그리고 깎아지른 벼랑과 한없이 깊은 계곡이 수도 없이 기다리고 있습니다. 이런 산을 어떻게 오르겠냐며 나자빠지는 것은 당연합니다. 그러나 올라가 보지도 않고서 오를 수 없다고 하는 것은 안 될 일이지요. 단숨에 꼭대기까지 뛰어올라가라는 말이 아닙니다. 우선은 지금 있는 곳보다 조금 높은 곳, 바로 눈앞에 있는 곳으로 올라가 보십시오.

언어로 바꾸면 맛이 안 사는 이미지

자, 이제 언어에 대해서 잠시 얘기하겠습니다. 보통 머릿속에 떠오른 이미지는 가령 그것이 문학적인 것이라 하더라도 대부분 영상입니다. 미술 세계에 몸담은 사람들은 그 영상적 이미지를 그대로 형태로 표현하면 되지만, 문학 세계에서는 이 환치의 과정이 그렇게 간단하지 않습니다. 영상에 반응하는 뇌와 언어에 반응하는 뇌가 전혀 다르기 때문입니다. 용케 잘 표현한다 해도 그 이미지를 100퍼센트 글자로 환원하는 것은 절대 불가능합니다. 70퍼센트만 되더라도 어마어마한 걸작이 나올 겁니다. 문학지에 실린 작품은 완성도가 높은 작품이라도 고작 30~40퍼센트에 그칩니다. 초보자의 소설은 20퍼센트도 안 되겠지요. 문학에 도전하는 자들이 시종 답답함을 느끼는 덴 여기에 원인이 있습니다.

그런데 이것을 잘 모른 채 소설을 쓰는 사람들이 의외로 참 많습니다. 이미지를 언어로 바꾸면 맛이 살지 않는다는 점을 전혀 이해하지 못한 채 작품을 쓰는 것이지요. 초고를 쓴 단계에서 이미지를 100퍼센트 가깝게 언어로 구현했다는 착각을 품는 소설가가 우글거리고 있으니, 초보자인 당신이 그런 착각에 빠지는 것도 무리는 아닙니다.

완성한 직후에는 큰일을 해냈다는 흥분감에 뿌듯할 수도 있습니다. 그대로 세상에 내밀어 평가받고 싶은 충동에 시달릴지도 모릅니다. 그러나 절대 그런 경솔한 짓을 해서는 안 됩니다. 온통 결점투성이인 작품을 타인에게 읽어 보라고 하거나, 신인상에 투고해서는 안 됩니다.

차분하게 그 원고를 다시 읽으면서 충분히 음미하십시오. 이때 눈앞이 어질어질해질 만큼 형편없는 원고라는 점을 똑바로 인식해야 합니다. 그리고 다른 작품을 쓰는 게 아니라 완성한 소설을 어떻게 하면 소설다운 소설로 만들 수 있을까를 고민하십시오. 다른 소설을 써 봐야 결과는 마찬가지입니다. 주제와 스토리가 나쁜 것이 아니라 당신의 실력이 아직 그 수준이기 때문입니다.

수치를 견디면서 다시 읽다 보면 조금씩 알게 될 겁니다. 결점에 패턴이 있다는 것을. 어떤 부분에서 어떤 실수를 했는지, 그 형태가 대여섯 종류에 그친다는 것을 깨닫게 될 겁니다. 거기까지 알면 더는 다시 읽을 필요가 없습니다. 100번을 다시 읽어도 그 이상의 발견은 없을 것이고, 결점을 보완할 수 있는 방법도 떠오르지 않습니다.

첫 원고를 다른 원고지에 옮겨 쓰면서 손질하는 방법을 우습게 여기지 마십시오. 또 귀찮다고 여겨서도 안 됩니다. 몇 번이나 다시 읽으면서 결점을 찾아냈지만 도저히 어떻게 할 방법이 없다는 결론이 났는데, 그런 방법이 무슨 소용이냐고 의심해서는 안 됩니다. 그것은 그 야말로 초보자의 유치한 생각입니다.

문학뿐만 아니라 어떤 분야에서나 일을 빈틈없이 정확하게 하려면 시간이 걸리는 법입니다. 소설의 경우는 당신이 예상하는 시간의 열 배가 필요합니다. 이 점을 잊지 마십시오. 프로 소설가라도 다르지 않습니다.

옮겨 쓰면서 다듬는 중에 당신은 생각지도 않게, 소설을 좋게 다듬을 수 있는 방법을 잇달아 발견하게 될 겁니다. 몇 번을 다시 읽고서도 깨닫지 못했던 것을 확실하게 깨닫게 될 겁니다. 신기한 일입니다. 읽었을 때 알지 못하는 것을 어째서 쓰면 알 수 있는 것일까요. 이 방법을 모른 채 그저 슬쩍 다시 읽으며 손질하는 방법으로 구차하게 써 나가는 사람이 10년에 걸쳐 깨달을 내용을 불과 한 달 만에 터득하게 될 겁니다.

그렇게 고쳐서 두 번째 원고가 완성되면, 완전히 자

신감이 붙었다고는 할 수 없어도 그럭저럭 해 나갈 수 있겠다는 기분이 들 겁니다. 그 원고를 다시 읽으면서 자기혐오를 털어 버릴 수는 없겠지만, 첫 번째보다는 훨씬 좋아지고 결점도 줄어들었다는 것을 알게 될 겁니다. 물론 안심하기에는 아직 이릅니다. 또 이제 실력을 완전히 소진했다는 생각에, 이 정도로는 역시 프로는 되지 못하겠다는 결론을 내리는 것도 성급합니다.

적어도 일곱 번은 고쳐 쓴다

이제 세 번째 작업에 들어가십시오. 방법은 두 번째와 똑같습니다. 세 번째가 끝나면 네 번째 작업에 들어갑니다. 네 번째가 끝나면 다섯 번째, 다섯 번째가 끝나면 여섯 번째……. 적어도 일곱 번은 반복해야 합니다. 이번에도 새롭게 발견하는 게 있을 겁니다.

거듭 고칠 때마다 당신은 소설을 쓰는 것이 어떤 일인지, 재능을 형태화하는 것이 어떤 일인지를 머리가 아니라 몸으로 깨우치게 될 겁니다. 동시에 구제불능으로 보이던 작품의 결점이 줄어들고, 처음에 막연하게 그렸던 이미지가 선명해지고, 마음속에 모호하게 자리하고 있던 정념이 또렷하게 보이고, 전체 구성이 단단하고 짜임새 있게 엮이는 것을 인식할 겁니다. 쓰는 일에 의미가 있다면 바로 이런 점에 있지 않을까요.

그러나 이렇게 성가신 과정을 거치는 소설가는 없습니다. 내가 벌써 30년 가까이 이 일을 하고 있지만, 이렇게 소설을 쓰는 사람이 있다는 얘기는 들어 보지 못했습니다. 그러나, 일본에 없을 뿐 외국에는 이렇게 쓰는 것이 아주 일상적입니다. 그들이 몇 년에 걸쳐 한 작품을 완성하고, 또 이런 작법을 당연하게 여기는 것은 그들이 일본 사람에 비해서 그들이 게으르기 때문이 아닙니다.

좋은 소설로 완성하기 위해서는 이 방법밖에 없기에 그렇게 하는 것입니다. 물론 모두가 처음 쓴 원고를 새로 고쳐 쓰는 방법을 사용하지는 않겠지요. 몇 번이나 꼼꼼히 다시 읽으면서 손질하는 이도 있을 겁니다. 아니면 한 번 쓴 작품을 한동안 묵혀 두다가 객관적인 시각으로 읽을 수 있게 되면 꺼내서 다시 읽고 고쳐 쓰는 이도 있다고 합니다. 어느 방법이든, 그 정도 시간을 들이는 것은 아주 기본적이고 상식적인 일이라는 뜻이겠지요. 작품의 질을 운운하는 것은 그다음 일입니다.

그런데 어떻게 된 일인지 우리나라의 소설가들은 아마추어나 프로나 획획 휘갈깁니다. 이래서야 좋은 소설이 나올 리가 없지요. 이땐 재능이 있고 없고가 문제가 아닙니다. 아무리 재능이 있어도 그렇게 조급하게 써서는 좋은 소설이 나오지 않습니다. 오히려 쓰면 쓸수록 솜씨가 줄어들고, 좋은 소설에서 멀어질 뿐이지요.

연재를 하는 동시에 작품 의뢰가 들어오는 족족 수락하고, 그러는 동안 쓰나 마나 한 에세이를 쓰고, TV 프로그램에도 출연하고, 강연까지 하는 날들 속에서 어떻게 재능 있는 독자 — 독자에게도 재능이 요구됩니다 — 의 심금을 울리는 작품이 나올 수 있겠는지요. '멀티'라고 불리는 사람은 결국 어느 한 가지도 똑바로 못하는 사람입니다. 그들은 한 가지에 집중하고 그 세계를 천착하는 힘이 없기 때문에 다른 세계를 기웃거리는 수준의 인간일 뿐입니다.

그렇게 아무렇게나 써도 책이 팔리고, 문예지도 소중하게 여겨지던 시대가 있었지만, 앞으로는 큰 변화가 있지 않은 한 없을 겁니다. 애당초 별 재능도 없는 이들이 적당히 써 대던 세월이 몇 십 년이었으니, 이런 쇠퇴의 시대가 온 것은 불가피한 일입니다.

그건 그렇고, 사람들은 왜 이렇게 조급한 것일까요. 서두를 필요가 전혀 없을 때도, 서두르면 실수할 수도 있는데도 기를 쓰고 서두르는 것은 대체 왜일까요. 문학이 쇠퇴하는 지금 시대에도, 소설을 쓰는 이든 편집하는 이든 서두르지 못해 안달입니다. 앞날이 캄캄할

따름입니다.

그러나 당신은 그들의 페이스에 휘말려서는 안 됩니다. 한 작품을 무슨 일이 있든, 시간이 얼마나 걸리든 완성하는 습관을 체득해야 합니다. 오르기 시작하면 반드시 정상을 정복하는 버릇을 들이십시오. 힘이 들어 도중에 포기하거나, 중턱을 정상이라 착각하고 하산해 버리면, 다른 산을 올라도 정상까지 오를 수 없습니다. 정상에 오르지 않고는 다음에 올라야 할 더 높은 산을 볼 수 없습니다.

재능 있는 이는 펜을 쥔 단계에서 오를 만한 산봉우리 몇 개를 동시에 보기도 합니다. 그러나 절대 조급하게 굴어서는 안 됩니다. 오르는 과정에서 조난당할 게 뻔하니까요. 당신이 아직 미숙하다는 것을 반드시 자각하고 있어야 합니다. 산봉우리는 옆으로 제쳐 놓고, 지금 당신의 실력으로 확실하게 오를 수 있는 산을 목표로 하십시오. 지금 오르지 못할 높고 험한 산은 실력을 쌓은 후에 도전하기로 하고 훗날의 즐거움으로 남겨 두십시오.

묵직한 주제를 발견했다 해도, 아쉽지만 지금 당신의 실력으로는 그 주제를 다룰 수 없습니다. 다룰 수 없는 주제에 도전해 생고생을 하고 좌절하고 자신감과 의욕까지 잃어버린 이를 몇 명이나 알고 있습니다. 이는 얼마든지 뻗어 나갈 수 있는 재능의 싹을 제 손으로 뜯어버린 격입니다. 또 그렇게 좌절해 보는 것도 바람직하다는, 말도 안 되는 칭찬을 하는 멍청한 평론가들의 말을 곧이곧대로 받아들인 나머지, 그다음부터 폼만 잡으며 쓰다가 이내 삼류로 전락한 소설가도 있습니다. 산꼭대기에 똑바로 서서 묵직한 주제를 휘청거리지 않고 머리 위로 들어 올릴 수 있는 소설가야말로 진정한 프로이며, 문학의 새로운 가능성을 개척해 나갈 수 있는 예술가입니다.

그러나 그것은 절대 편한 길이 아닙니다. 창작의 기쁨은 오늘내일 중에 얻을 수 있거나 1, 2년 분투한다고 거머쥘 수 있는 것이 아닙니다. 쓰는 것이 재미있어 죽겠다는 사람이 있는데 그런 사람이 하는 얘기를 잘 들어 보면, 그 재미라는 것이 초기 단계에서 스토리를 구성하는 데 있는 듯합니다. 말하자면 앞으로 어떻게 될 것인지 모르는 재미에, 독자와 다를 바 없는 입장에 푹 빠져 있는 것입니다.

아마추어나 소설 쓰기를 그런 식으로 즐길 수 있는 것입니다. 아마추어는 자신을 위해 소설을 쓰기 때문에 그 정도로도 충분하지만, 독자를 위해 쓰는 프로가 되려고 한다면 그런 재미는 마땅히 버려야 합니다. 프로의 세계에서 즐기고 재미있어 할 수 있는 건 그것이 아직 일이 아니라서입니다. 일이 되려면 스토리를 구성하는 재미가 사라진 후, 얼마나 깊이 파고드느냐가 관건입니다. 프로 소설가들이 '산고'라는 말로 창작의 괴로움을 표현하는데, 사실 그들은 그런 말조차 할 자격이 없습니다. 그들은 대부분 괴로움을 겪지도 않거니와 작품을 낳지도 않으니까요. 그들은 그저 소설 비슷한 것을 휘갈겨 쓸 뿐입니다. 그런 소설가에게서는 배울 것이 하나도 없습니다.

한 작품을 완성해도 투고하지 않는다

400자 원고지 100매 정도의 소설을 완성하는 데 반년에서 1년이 걸리는 것은 당연합니다. 당신은 그 사이 산 하나에 집중하고 몰두해야 합니다. 그렇게 해서 드디어 한 작품이 완성되었습니다. 자, 이제 그 작품을 어떻게 할 것인가. 자신을 위해 쓴 작품이 아니니 일단은 누군가에게 보여야 합니다. 그렇다고 애인이나 친구, 동료가 읽어 봐야 별 도움이 되지 않으니, 소설가의 등용문인 문예지 신인상에 투고하십시오. 그것이 가장 일반적이고 자연스러운 길입니다.

그러나 이 시점에서 초조하게 굴어서는 안 됩니다.

바로 응모하지 않는 편이 좋다는 말입니다. 나의 경우는 그렇게 했지만 결국 후회가 남았습니다. 그 한 작품으로 프로라는 이름이 붙은 탓에, 한편으로는 책을 엮을 수 없으니 서둘러 다음 작품을 잇달아 쓰느라 첫 작품 수준의 작품이 되지 못했습니다.

그럼 어떻게 할까요. 그 작품은 서랍 속에 두고 바로 두 번째 작품에 돌입하는 겁니다. 첫 번째 작품과 똑같은 방식으로 씁니다. 한 작품을 마무리한 자신감에 들떠서는 안 됩니다. 그런 자신감은 두 번째 작품에서 아무런 도움이 안 되기 때문입니다. 첫 번째 작품에서 경험한 혼란과 고생이 두 번째 작품에서도 똑같은 비중으로 되풀이됩니다. 전에 어떤 산을 올랐든 새로운 산을 오르려면, 역시 그 기슭에 서는 일부터 시작해야 하기 때문입니다.

두 번째 작품도 첫 번째 작품 때와 마찬가지로, 혼란과 불안에서 시작해 자기혐오로 넘어간 다음 캄캄한 터널에 갇히게 되겠지요. 그래도 첫 번째 작품 때만큼 그 정도가 심하지는 않을 겁니다. 왜냐하면 당신은 이미, 어떤 경우에 어떻게 되는지를 예측할 수 있기 때문이지요. 그렇다고 방심해서는 안 됩니다. 소설을 가볍게 얕잡아 봐서는 안 됩니다. 대화에는 반드시 주의해야 합니다. 당신은 첫 번째 작품보다 질 높은 두 번째 작품에 도전하고 있으니까요.

이 단계에서는 타인의 작품을 읽는 것도 도움이 되지 않으니 읽지 않는 것이 좋습니다. 괜히 읽었다가 그 작품이 당신의 작품보다 좋으면 자신감을 잃을 테고, 나쁘면 자만심에 빠지기 때문입니다. 당신은 기존의 문학을 조소하면서 시작했지만, 소설가로서는 선배를 조롱할 만큼 실력을 갖추지 않은 초보입니다. 자신의 실력이 과연 어느 정도인지 다른 작품과 비교하지 않고는 알 수 없다면, 아직은 한참 멀었다고 생각하는 편이 좋겠지요. 또 늘 불안에 시달리는 편이 긴장감도 있어 숙달이 빠릅니다.

첫 번째 작품만큼의 시간을 들여 두 번째 작품이 완성되었습니다. 소설을 쓰다 보면 1, 2년은 순식간에 지나갑니다. 그래도 상관없습니다. 어차피 당신 같은 사람은 소설을 쓰지 않았더라면 쓸데없는 일에, 하나마나한 일에 시간을 허비하고 있었을 테니 말입니다.

두 번째 작품을 완성한 다음에도 신인상을 기웃거려서는 안 됩니다. 연이어 세 번째 작품에 돌입하십시오. 데뷔해 놓고 허둥대는 것보다 이쪽이 빠른 길입니다. 이 시기가 되면 소설을 쓴다는 것에 머리도 몸도 익숙해져 있을 겁니다. 자신감이야 아직 부족하겠지만, 여유는 생겼을 겁니다. 그 여유가 보다 높은 차원을 요구하겠지요. 다루는 주제나 형식이나, 지금까지 쓴 두 작품과는 다른 참신한 것을 바라는 욕구가 생겨날 겁니다. 그렇지 않다면 거짓이지요. 빠르게 두각을 나타내는 소설가는 그렇습니다.

그러나 독자적인 문체를 터득하는 일은 좀처럼 마음 같지 않습니다. 세 번째 소설에서 전에 시도하지 않은 문체를 완성하는 것은 불가능합니다. 독자적인 문체를 구사하기 위해서는, 기를 쓰고 노력해도 5년은 걸립니다. 하물며 이 세상에 선례가 없는 획기적인 문체를 개발하려면 두 배에서 세 배는 족히 걸립니다. 그렇게 썼다고 해서 반드시 성공하라는 법도 없습니다. 독자적인 문체는 두고두고 터득하기로 하고, 당장은 당신이 좋다고 여기는 문체로, 당신의 실력에 맞는 무리 없는 문장으로 승부를 보십시오.

하루아침에 멋진 소설을 쓰겠다는 환상을 품어서는 안 됩니다. 그러지 못한다고 재능이 없는 것이라고 단정하는 것도 금물입니다. 당신은 정신이 아득해질 만큼 먼 길을, 평생에 걸쳐도 도달하지 못할 만큼 먼 길을, 하지만 그렇기 때문에 흥미로운 길을 지금 막 걷기 시작했습니다. 이 정도로 품이 깊은 일을 하지 않으면 당신은 뭘 해도 만족하지 못하고 수시로 직업을 바꾸면서 불만 가득한 삶을 살아갈 겁니다.

나는 일일이 열거할 가치도 없고, 언제 잊혀도 상관없는 소설가가 되려는 이들을 상대로 이런 말을 하는 게 아닙니다. 쌩하고 나타났다가 쌩하고 사라지는 그런 싸구려 소설가밖에 될 수 없는 이들을 향해 이렇게 성가신 방법을 전하는 것이 아닙니다. 당신은 평생 펜을 쥐고 있기를 바랍니다. 한 작품을 쓸 때마다 더 높은 곳에 도전하는 모험심이 커지고, 한 작품을 완성할 때마다 실력이 향상되어 깊이 있고 굉장한 작품을 쓸 수 있는, 호흡이 긴 소설가가 되기를 바랍니다. 그리고 마지막에는 모든 사람이 경악할 만큼, 그리고 본인도 놀라 자빠질 만큼 압도적인 작품을 남기고 세상을 뜨기를 바랍니다.

세 번째 작품을 쓰면서 가장 주의해야 할 점은 하루빨리 세상의 평가를 받고 싶은 초조함을 누르는 일입니다. 아직 서두를 필요 없습니다. 여기까지 왔다면 이제 머지않았습니다. 주위의 움직임에 좌지우지되지 않도록 마음을 다지고, 새로 데뷔한 신인을 다룬 화려한 뉴스에 흐트러지지 않도록 조심하면서 자신의 페이스로 글을 써 나가십시오.

노트를 준비한다

소설 쓰는 것에 어느 정도 익숙해지고, 지금까지 당신의 내면에 쌓인 무수한 정보가 매끄럽게는 아니어도 원고지 위에 흘러나오게 된 이 단계에 꼭 해 주고 싶은 말이 있습니다. 노트를 여러 권 준비하십시오. 메모지여도 괜찮습니다.

당신의 기억 속에 있는 정보는 무한히 많은 것 같지만 실은 의외로 아주 적습니다. 소설을 쓰기 위해 수집한 정보가 아니라 머릿속에 별 의미 없이 남아 있는 정보들이기 때문에 세 작품 정도 쓰고 나면 바닥을 드러냅니다. 데뷔작이 가장 좋았고, 그다음 작품으로 첫 작품을 희석하거나 늘여서 대충 버무린 작품을 쓰고 싶지 않다면, 당신 자신을 향한 눈길의 절반을 밖으로 향해야 합니다.

소설을 쓰기 위해서라는 점을 충분히 의식하면서 밖을 응시하십시오. 그렇게 보고서 깨달은 점, 떠오른 아이디어 등을 꼬박꼬박 기록하는 노트를 준비하십시오. 외출용 노트, 침대용 노트, 거실용 노트, 화장실용 노트, 직장용 노트 등, 용도별로 나누어 사용합니다. 원고지와 마주하고 있을 때만이 소설가로서의 시간이 아닙니다. 그러니 쓰면서 번뜩이는 아이디어를 얻겠다는 생각으로 나머지 시간을 멍하게 지내서는 안 됩니다.

정작 집필을 할 때는 떠오르지 않던 생각이 다른 시간에 번뜩 떠오르는 일이 많습니다. 그 번뜩이는 아이디어는 크거나 작거나, 중간 정도이거나, 또는 단순한 발상에 지나지 않는 경우도 있습니다. 그러나 뭐가 되었든 머리에 떠오르면 그걸 바로 노트에 기록하십시오. 그러지 않으면 금방 잊어버립니다. 사람의 기억력은 실로 보잘것없습니다. 생활과 직접 관계가 없으면 기껏 떠오른 멋진 생각은 한 시간도 채 지나지 않아 깨끗하게 잊힙니다. 친구와 잠깐 얘기를 나누는 동안에도 까맣게 잊힙니다.

비록 소설을 쓰기 시작했지만 노트를 활용하기 전의 당신 눈은 아무것도 보지 않았다고 할 수 있습니다. 자신을 비롯해 타인도, 세상도, 거의 보지 않았습니다. 화가가 붓을 들기 전까지, 사진작가가 카메라를 들기 전까지, 사물의 형태를 똑바로 파악하고 있지 못한 것과 마찬가지입니다. 보고는 있는데 보고 있지 않습니다. 똑바로, 뚫어져라 보고 있지 않습니다.

관심사에만 주목하고 그 외의 것들은 전혀 돌아보지 않고 살아온 겁니다. 특히 도시에 사는 사람은 우글거리는 주위 사람들의 수에 압도되고, 일일이 눈으로 쫓자니 피곤해서 언젠가부터 인간을 외면하며 사는 버릇이 붙었을 겁니다. 도시에 그냥 사는 일반 사람들은 그렇게 해도 무방하지만, 소설가는 그럴 수 없습니다.

타인과 세상을 보는 것은 자신의 내면을 들여다보는 것 이상으로 소설가에게 중요한 덕목입니다. 그런데 어찌된 셈인지, 소설가들 대부분이 이 점을 망각하고 자신 외에는 보지 않으려 합니다. 개중에는 자신조차 정확하게 보지 않으려는 이도 있습니다. 이는 아마도 글쓰기를 도피의 발판으로 삼고 있기 때문이겠지요.

도피에서 태어난 문학은 도피를 목적으로 책을 읽는 이들에게는 크게 환영받겠지만, 도피를 넘어서는 문학이 될 수 없고, 따라서 안목 있는 진정한 독자들을 끌어들일 수 없습니다.

인간이란 무엇인가, 인간으로서 어떻게 살아야 하는가, 또는 어떻게 죽어야 하는가 하는 보편적인 주제에 꾸준히 도전하지 않고는 혼을 뒤흔드는 진정한 감동을 줄 수 없습니다.

소설가는 마음에 드는 공간에만 있을 수도 있고, 만나고 싶지 않은 사람은 보지 않을 수도 있습니다. 그런 나날이 계속되다 보면 자신도 모르게 정동이 무뎌지고 현실과 동떨어져, 기반이 없고 뒤틀린 세계관이 형성됩니다. 그 뒤틀림 또한 문학적으로 독이 있는 뒤틀림이 아니라 돈과 시간을 주면 누구든 손에 넣을 수 있는 가벼운 것에 불과합니다. 과거 지향적이고 왜곡된 그런 뒤틀림을 감성이라 칭하며 보물처럼 여기면서 예술가를 자처하는 이도 눈에 띄는데, 이는 실로 한탄할 일입니다.

작품을 낳는 꿈

'감성'이라는 마술에 걸려서는 안 됩니다. 감성은 분명히 존재하지만, 그것이 뭘 가리키는지 제대로 이해하고 있는 사람은 많지 않습니다. 진정한 감성은 날카롭지만 굵습니다. 날카롭지만 굵은 감성은 상대가 개미처럼 작아도 찌를 수 있고, 코끼리처럼 거대해도 쓰러트릴 수 있습니다. 몇 번을 사용해도 녹슬거나 마모되는 일도 없고, 오히려 사용할수록 더 날카로워지고 더 굵어집니다.

감성을 굵게 만드는 것은 자립해 있고 미래지향적인 자세에서 오는 분투의 나날이며 몸부림과도 같은 체험입니다. 그리고 감성을 예리하게 만드는 것은 이 세상의 더러움을 기꺼이 뒤집어쓰는 호기심입니다.

아름다운 그림이나 멋진 소설, 인품이 훌륭한 사람과의 만남으로만 감성을 갈고닦을 수 있는 것이 아닙니다. 대상이 뭐가 되었든 상관없습니다. 아름다움과 정반대되는 것이라도 좋습니다. 주로 예술가들이 무시하는 것들 속에 가득 차 있습니다. 도시에서 빈번하게 발생하는 사소한 교통사고에서도, 보는 사람이 주의를 기울이면 진흙 속의 다이아몬드 같은 것이 빛나고 있다는 것을 알 수 있습니다.

미술관을 찾고 음악회에 다니고 헌책방을 순례하지 않아도 됩니다. 당신 주위에 얼마든지 널려 있습니다. 멍하게 넋을 놓고 있어서는 안 됩니다. 눈을 뜨고 있는 동안은 온갖 것에 주의를 기울이기 바랍니다. 큰 것에서 아주 작은 것까지 하나도 놓치지 않도록 하십시오. 지금 쓰고 있는 소설과 별 상관없는 일이라도, 또 앞으로 쓸 소설과 별 연관이 없어 보여도, 반드시 노트에 기록하십시오. 그냥 기록하고 끝내는 것이 아니라, 틈틈이 관심을 끈 사물이나 일을 독창적으로 표현해 보십시오.

문득 하늘을 올려다보았는데, 평소에 보지 못한 아름다운 구름이 천천히 흘러가고 있었다고 합시다. 그 풍경을 그저 '아름다운 구름이 흘러가고 있었다' 하고 표현하는 것이 아니라, 좀 다른 언어로 표현해 보는 겁니다. 자신이 알고 있는 언어를 마음껏 구사해서, 그 구름이 어떻게 아름다웠는지를 깜짝 놀랄 만한 문장으로 표현하는 겁니다. 그런 습관을 붙이도록 하십시오.

마음이 이끄는 대로 쓴다고 소설이 되는 것이 아닙니다. 문학뿐만 아니라, 어떤 예술도 작위 덩어리로 성립되어 있습니다. 그것도 아주 멋들어진 작위입니다. 생각이 있으면 수단은 뒤따라온다는 말도 맞지만, 수단이 있어 그다음에 생각이 따라오는 일도 있을 수 있습니다.

아마 당신의 노트는 처음에는 당신이 생각했던 속도보다 훨씬 빠르게 채워질 겁니다. 어느 정도 기록이 쌓이면, 그 내용들을 좀 더 큰 노트에 정리합니다. 그렇게 쌓인 기록이야말로 소설가의 생명이자 재산이고, 언젠가 반드시 큰 도움이 됩니다. 하나도 빠지지 않고 말이지요. 소설을 쓰는 일은 다른 일에 비해 상당히 효율이 떨어진다고 여겨질지 모르겠으나, 긴 안목으로 보면 사실 그 반대입니다. 보고 들은 것, 느낀 것 전부가 소중한 거름입니다.

노트를 작성하면서 알게 모르게 문장 쓰는 훈련을 하고 있다고 보면 됩니다. 당신 주위에서 오가는 언어를 비문학적이라는 이유로 무시해서는 안 됩니다. 광고, 간판, 안내판, 전단지, 잡지 속 글, TV와 라디오에서 흘러나오는 말, 직장 동료들 사이의 대화, 주정뱅이의 욕설, 세상에 범람하는 모든 언어를 체크하고 노트에 빠짐없이 기록하십시오. 그것들이야말로 당신에게 필요한 살아 있는 언어입니다.

소설가는 잠자는 동안에도 긴장을 늦출 수 없습니다. 꿈속에서도 소설적인 번뜩임을 얻는 일이 종종 있기 때문입니다. 침대용 노트는 그 때문에 있는 것입니다. 꿈에서 중요한 힌트를 포착하는 일도 흔히 있습니다. 그러나 꿈은 금방 잊히고 맙니다. 아침에 일어나 쓰겠다고 그냥 다시 잠들면, 결국 하나도 기억에 남아 있지 않아 모처럼 찾아온 보물을 놓친 꼴이 됩니다. 그 꿈이 어쩌면 대작의 원천일 수도 있었는데 말이지요.

좋은 꿈을 꾸다 눈을 떴다면 아무리 귀찮아도 바로 침대용 노트로 손을 뻗어 기록하십시오. 꿈 자체는 별 도움이 되지 않더라도 꿈에서 파생된 이미지들이 좋은 작품을 낳을 수도 있습니다. 그렇게 성가신 생활을 어찌하나, 좀 더 자연스럽게 사는 생활 속에서 작품을 만들어 내고 싶다, 하는 자세로는 한 작품도 쓸 수 없습니다. 좋은 작품은 비정상적이리만큼 긴장된 나날 속에서만 태어납니다. 그 긴장을 즐기는 것이야말로 재능이랄 수 있겠군요.

아침에 막 눈을 뜨기 전의 몽롱한 상태에서도 멋진 번뜩임을 얻을 수 있습니다. 이 번뜩임은 힌트 같이 사소한 것이 아니고, 꿈과도 다릅니다. 그 하나만 가지고도 작품 전체를 구성할 수 있을 만큼 멋지고, 계시라고 할 수 있을 만큼 어마어마한 것입니다.

매일 아침 그런 번뜩임이 찾아오는 일은 없습니다. 1년에 한두 번 그런 날이 있으면 많은 편입니다. 그러나 제대로 된 소설을 지향하는 소설가에게는 그 두 번으로도 충분합니다.

영상에 지지 않는 표현력을 기른다

번뜩임에 대해서 잠시 얘기해 볼까요. 번뜩임이란 결코 어떤 착상을 말하는 게 아닙니다. 착상의 연장선상에 있을 수도 있지만, 착상과는 다릅니다. 격의 차이라고 할까요. 어떻게 다루느냐에 따라 착상이 번뜩임이 될 수도 있고, 번뜩임이 단순한 착상으로 전락할 수도 있습니다.

같은 아이디어를 바탕으로 쓴 소설이 있다고 합시다. 아침에 눈을 떴더니 주인공인 인간이 벌레로 변해 있더라는 유명한 소설이 있는데, 이것을 번뜩임이라고 할지 그저 화장실에서 문득 떠오른 착상이라고 할지는, 그 소설을 쓴 작가가 어떤 식으로 멋지게 부풀려 작품으로 완성했느냐에 따라 달라집니다. 참신한 발상과 격조 높은 문장으로 이루어졌다면 틀림없는 번뜩임이 되겠지요.

그런데 그 소설을 힌트 삼아 아침에 일어났더니 상자가 되어 있더라는 발상으로 흔히 있는 평범한 문체와 형식으로 써서는 착상을 넘어설 수 없습니다. 비슷한 아이디어라 할지라도 문장의 질이 높고 낮음에 따라, 하늘과 땅만큼 차이가 생겨납니다. 그만큼 중요한 게 문장인데, 이 점을 전혀 이해하지 못하는 소설가들이 상당히 많습니다.

앞으로 소설가가 되려는 이들은 선배들의 문장을 몇 배는 의식해야 할 것입니다. 이렇듯 영상이 현저하게 발달해 범람하고 있는 시대에 왜 카메라가 아니라 펜이어야 하는지, 왜 영상이 아니라 문장이어야 하는지를 분명히 하지 않고는 단번에 영상에 뒤지게 될 것입니다.

일본의 현실은 어떨까요. 영상이나 문장이나 실로 어중간합니다. 별 자각 없이 적당주의를 반복하고 있습니다. 영상은 문장보다 효과적이라는 장점 위에 똬리를 틀고서 카메라로 원작 소설의 스토리를 그대로 더듬고 있을 뿐입니다. 뭐 때문에 만든 영화인지 모를 작품뿐이라 매번 넌더리가 납니다. 이런 수준이라면 굳이 고액의 제작비를 들여서 영화화할 필요가 없지 않을까, 하고 투덜거리고 싶은 작품이 태반입니다. 영상으로만 표현할 수 있는 작품, 즉 카메라가 아니면 표현할 수 없는 작품을 기다리고 있는데, 실제로는 문학과 마찬가지로 보물 산을 앞에 두고서 후퇴일로를 걷고 있을 뿐입니다.

소설은 어떨까요. 이 또한 전통 위에 똬리를 튼 채아무런 진보가 없습니다. 그저 스토리를 전개할 뿐인문장으로 어쩌다 떠오른 주제를 써 갈기고 있을 뿐입니다. 영상이 거의 힘을 갖지 못했던 시절과 조금도 다르지 않은 문체로 지금도 대량생산에 힘을 쓰고 있습니다. 이래서야 쇠퇴하지 않는 것이 이상합니다.

만약 영상으로 만든 작품과 언어로 만든 작품의 완성도가 엇비슷하거나 4대 6의 비율만 되더라도 영상이 이길 겁니다. 그러므로 소설의 질이 떨어졌을 뿐, 딱히 영화가 훌륭했던 것은 아닙니다. 영상이나 문장이나 게으름을 피우고 있습니다.

당신은 이런 현실을 분명하게 인식한 후에 펜을 들어야 합니다. 영상으로는 절대 포착할 수 없는 인간의내면을, 영상보다 선명한 언어로 표현할 수 있어야 합니다. 영상은 시각적이며 언어는 그 반대라는 사고는옳기도 하지만 다른 일면에서는 옳지 않습니다. 영상은 과도하게 시각적인 것이 결점입니다. 과도하게 시각적인 작품은 때로 보는 이의 이미지를 무참하게 부수어 버리는 경우도 있습니다.

여기 컵이 있다고 합시다. 카메라는 그 컵만 보는 것이 아니라 컵이 놓인 테이블, 주위의 벽과 천장, 그 밖의 다양한 것들을 포착합니다.

그러나 문장은 어떤가요. '여기 컵이 있다'라고 쓰면 읽는 이의 눈에는 그 컵밖에 보이지 않고, 보이지 않는 탓에 컵의 색감과 모양 말고도 컵이 놓여 있는 상황을 상상하게 됩니다. 그것은 읽는 이의 자율적인 감각에 따른 이미지이므로, 적어도 위화감은 주지 않습니다. 읽는 이의 시각을 언어로 자극하는 것은 사실 무척 어려운 일입니다. 영상을 그대로 문장으로 옮기는 식으로 써서는 효과가 거의 없습니다. 그 때문에 상당한 훈련이 필요한데, 성공했을 때는 영상의 몇 배 되는 시각적인 작품이 됩니다.

이런 점은 한 작품 한 작품 완성해 가면서 조금씩 알게 될 테니, 지금은 세 번째 작품에 집중하기로 합시다.

소설가의 도구

문학은 다른 예술 분야에 비해 별다른 도구가 필요

치 않습니다. 펜과 원고지, 사전, 그리고 책상이 있으면 충분합니다. 요즘은 보통 워드 프로세서를 사용하는 듯하지만, 나는 도무지 탐탁지 않습니다.

과거에 텔렉스 오퍼레이터로 밥벌이를 한 적이 있는데, 그 당시에는 워드 프로세서가 없었기 때문에 그런 것이 있으면 편리하겠다고 생각했습니다. 그러나 막상 소설가가 되자 그런 도구가 보급되었음에도 사용하고 싶은 적이 한 번도 없었습니다.

워드 프로세서의 단점은 두 가지 정도가 있습니다. 하나는 글자가 너무 빨리 화면에 나타나기 때문에 어떤 번뜩임을 얻을 기회가 없어진다는 것입니다. 소설가는 글자 하나하나를 펜으로 만들어가는 도중에 번뜩임을 얻는 기회가 많습니다. 그런데 왜 그렇게 서둘러 쓰려고 할까요. 참으로 안타까운 일입니다. 소설뿐만 아니라, 성공적으로 일을 하려면 시간을 충분히 들여야 하는데 말입니다. 능률을 올리는 방향은 자멸의 길로 이어집니다.

그다음, 워드 프로세서의 글자는 활자와 똑같아서 내용은 둘째 치고 완전한 원고 앞에 있는 듯한 착각에 빠지기 쉽습니다. 손으로 쓴 원고에서는 쉽게 발견할 수 있는 결점을 워드 프로세서로 작성한 원고에서는 놓치는 경우가 허다합니다. 더구나 몇 번이고 고쳐 쓰려면 손으로 쓰는 편이 피로가 덜할 겁니다.

내 경험상 수성 볼펜이 가장 쓰기 편합니다. 원고지는 문구점에서 파는 싸구려 원고지로 충분합니다. 문제는 어디까지나 알맹이니까요. 원고를 누구에게 보일 것도 아니거니와 배우나 스포츠 선수처럼 일하는 현장을 누가 보는 것도 아닙니다. 알맹이 외의 것으로 치장을 해 봐야 아무 소용없습니다. 무의미한 일이지요.

비싼 만년필을 사용할 필요도, 이름 박힌 특제 원고지를 사용할 필요도 없습니다. 도구에 집착하며 이 세계로 들어온 이는 고작해야 삼류 소설가밖에 되지 못합니다. 그들은 문학의 본질과 핵심을 파고들지 못하는 탓에 겉이나마 치장하려는 것입니다.

침묵을 지킨다

지금 쓰고 있는 소설의 내용을 타인에게 흘리지 않는 것도 주의해야 합니다. 이는 반드시 지켜야 합니다. 친구, 연인, 형제, 부모에게도 절대 말해서는 안 됩니다. 끈질기게 캐물어도 입이 무거운 범인처럼 모른 척해야 합니다. 상대가 누구든지 한 번 말해 버리면 모처럼 고양되었던 에너지와 창작 욕구가 그 뚫린 구멍으로 술술 빠져나가, 아직 한 장도 쓰지 않았는데 마치 다 쓴 듯한 기분에 젖어 원고지 앞에 앉는 것이 한심하게 느껴지기 때문입니다. 당신의 내면에 있는 이미지는 완성된 원고를 통해서만 타인에게 전해져야 합니다.

당신이 소설가가 된 후에도 이 점은 반드시 지켜야 합니다. 편집자에게도 내용을 발설해서는 안 됩니다. 작품이 완성되기도 전에 내용을 알고 싶어 하는 편집자들이 많은데, 제목까지도 가르쳐 주지 않는 편이 좋습니다. 편집자가 무슨 깊은 뜻이 있어 궁금해하는 것이 아닙니다. 원고가 완성되기를 기다렸다가 말없이 받기만 하면 편집자로서의 체면이 서지 않으니 그럴 뿐입니다. 미리 내용을 알고, 스토리 전개에 간간이 의견을 제시하면서 소설가와 함께 작품을 만들어가는 것이 편집자의 일이라고 착각하는 것이지요.

그러나 그건 이류나 삼류 소설가나 하는 짓입니다. 당신이 그걸 본받을 필요는 없습니다. 간섭하고 싶어 하는 편집자일수록 독자로서의 재능이 부족하다고 보면 됩니다. 본디 일류 독자여야 할 편집자의 질도 소설가와 마찬가지로 점점 떨어지고 있습니다.

소설은 혼자서 쓰는 것입니다. 편집자와 공동으로 진행하는 일이 아닙니다. 타인의 의견을 참고하고 싶거나 읽어 줄 사람이 필요하다고 여기는 자세는 편집자와의 관계를 원만하게 해 주기는 하겠지만 좋은 결과를 내지는 않을 겁니다. 독창적이고 개성적인 작품을 창작하는 일도 없고, 그저 흔한 소설가로 어영부영 살다 끝납니다.

교우 관계를 정리한다

그리고 이쯤에서 당신은 교우 관계를 정리해야 합니다. 가능하면 교제를 끊을 것을 권합니다. 친구들을 멀리하고 직장 동료와도 선을 그으십시오. 왜 그렇게까지 해야 하느냐는 의문도 들겠지만, 소설을 쓸 때는 고립무원의 상태가 가장 좋습니다. 당장 이해되지 않더라도 왜 이런 말을 했는지 이해할 날이 올 겁니다.

모든 예술이 다루는 것은 영혼의 문제입니다. 영혼은 누구든 갖고 있지만 그 영혼과 정면으로 마주하는 이는 아주 적습니다. 그것은 암울하고 고통스러운 일이기 때문이지요. 병자나 난민, 사형수, 수도승, 굶주린 이, 좌절한 이들은 원치 않아도 영혼과 마주하게 되지만, 행복과 안정으로 다가간 인간은 영혼으로부터 멀어집니다.

예술가 기질이 있는 사람은 가령 안정 속에 있다 하더라도 영혼과 등을 맞대고 살아갑니다. 이는 아주 위험한 일입니다. 그 위험으로부터 벗어나려면 보통 사람들과 똑같은 방식으로 살 수밖에 없습니다. 친구들과 어울리며 즐겁게 시간을 보내고, 매사 얼버무리며 사는 나날이 안전한 것은 틀림없습니다. 당신의 마음을 채워주는지는 차치하고 말입니다.

그러나 창작의 세계로 발을 들여놓으면, 위험한 방향으로 돌아갈 수밖에 없습니다. 그것도 아주 적극적으로 그 방향으로 나아가야 합니다. 개인의 입장에서어느 정도 돌아갈 수 있을 것인가, 그것이 관건입니다.

영화나 TV는 많은 사람과 같이 볼 수 있고, 음악과 미술도 사람들과 함께 감상할 수 있습니다. 그런데 문학은 그렇지 않습니다. 여러 사람이 둘러앉아 책 한 권을 동시에 보는 일은 없지요. 문학만큼 개인으로 돌아갈 수 있는, 즉 자신의 영혼과 마주할 수 있는 예술은 없습니다. 책을 읽는 이들은 삶의 의미를 따지지 않으면 안 될 만큼 심각한 의문을 품고 어쩔 수 없이 자신의 영혼과 마주한 나머지 책을 집어 듭니다.

그런 심정으로 책을 접하는 독자는 고독합니다. 그들의 혼란스러운 고독을 구원할 수 없다면, 최소한 질서 정도는 세워 주어야 하지 않을까요. 그것은 문학의 사명입니다. 그러기 위해서 소설을 쓰는 사람은 읽는 사람보다 몇 배는 깊은 고독을 경험해야 합니다. 고독의 숙련공이 아니면 소설가일 수 없습니다.

앞으로 소설가가 되려는 이들은 고독과 싸우는 것에서 시작해야 합니다. 진정 구원의 문학을 지향한다면 고독과 마주하고, 고독과 싸워 이기고, 고독을 초월하는 길을 걷지 않으면 안 됩니다. 그 길을 걸어가는 소설가만이 보다 높은 미답의 봉우리에 오를 수 있으며, 새로운 광맥을 발견하고 채굴할 수 있습니다.

당신은 지금까지 살아온 세계가 일변하는 것을 여실히 느끼는 동시에 지금까지 감지했던 것과는 아주 다른 것을 보게 될 겁니다. 고독의 바다에 내던져진 당신의 영혼은 처음에는 당황하고 겁을 먹어 어쩔 줄 모르겠지만 빠져 허우적대기 직전, 언어를 붙잡아 헤엄치는 것을 배우고 마침내 저 먼바다를 향해 나아갈 겁니다.

3장

소설가로 데뷔하고 나서

소설가로서의 첫걸음

당신은 이제 세 편의 작품을 완성했습니다. 아마 1년 반에서 2년 정도의 세월이 흘렀을 겁니다. 펜을 들지 않았으면 어차피 어리석게 살았을 시간입니다. 그동안 당신은 소설을 쓰는 일 외에 어떻게 살아야 할지에 대해서도 배웠으리라 생각합니다.

그러나 불안감은 여전히 남아 있겠지요. 이렇게 글을 써서 과연 생계를 유지할 수 있을까, 하는 절실한 문제에도 직면했을 겁니다. 당연합니다. 그러나 당신의 성격으로 보아, 안정적인 생활은 재미없다 여길 겁니다. 빈둥거리는 나날을 보내느니 빠듯하지만 불안정해도 괜찮다며 마음껏 능력을 펼칠 수 있는 세계로 뛰어들고 싶었던 때를 다시 한 번 상기하십시오. 그때로 다시 돌아갈 텐가요. 그리하여 대충 살다 노후를 맞을 건가요. '마음껏 살았어' 하고 자신에게 거짓말을 하면서 죽을 배짱이 있는지요.

이 정도 불안에 겁먹어서야 앞으로 나아갈 수 없습니다. 당신 앞에 있는 세 작품을 똑똑히 보십시오. 그것들이 당신을 미래로 이끌고 새로운 길을 개척하게할 겁니다. 돌아가려 해도 이미 늦었습니다. 세 작품을 손에 들고 눈앞에 있는 캄캄한 터널 속으로 과감하게 뛰어드십시오. 상황을 잘못 판단했다 한들 전혀 상관없습니다. 갖은 고생이야말로 살아 있다는 증거입니다.

완성된 세 작품을 깨끗하게 정서正書하십시오. 그리고 가장 자신 있는 한 작품을 골라 그 작품만 다시 정서합니다. 이 작업을 끝내고 신인상에 투고하십시오. 어떤 문예지든 괜찮습니다. 작품을 출판사 앞으로 보낸 후, 마냥 결과를 기다리지 말고 네 번째 소설을 쓰십시오. 이번에는 조금 더 긴 소설에 도전하는 편이 좋습니다.

신인상 심사는 편집자들이 전국 각지에서 보내온 원고를 나누어 읽는 것에서 시작됩니다. 그러나 모든 원고를 처음부터 끝까지 읽는다고 볼 수는 없습니다. 몇 안 되는 편집자들이 천 편이 넘는 작품을 훑어야 하니 별 관심을 끌지 못하는 졸작까지 꼼꼼하게 읽을 수는 없습니다. 대부분의 작품은 대여섯 매를 읽고 나면 버려집니다. 그렇게 예선을 통과한 작품 중에서 몇 작품이 다시 걸러져 최종 심사에 오르게 되는데, 이때 소설가가 심사합니다. 나는 이 점이 도통 마음에 들지 않습니다. 최종 심사에서 소설가를 거친다는 점이 도무지 납득이 가지 않는 겁니다.

왜 편집자들이 마지막까지 작품을 선별해서는 안 되

는 걸까요. 편집자들이 결정하면 상의 권위가 떨어지고 책을 내고 판매할 때 불리하다고 여기는 걸까요. 아마추어보다 형편없는 작품을 발표하고 있는 소설가에게 그런 중대한 소명을 맡겨도 되는 걸까요. 과연 그들에게 타인의 작품을 이렇다 저렇다 말할 자격이 있는 걸까요. 아니면 편집자들 스스로가 작품을 가려 뽑을 수 있을 만큼의 안목이 없다는 것을 인정하는 걸까요. 그렇다면 왜 그들은 수상작이 결정된 후에 사실은 다른 작품이 더 좋았다느니, 문학의 질이 땅에 떨어졌다느니 투덜거리는 걸까요. 정말 그 연유를 모르겠습니다.

그러나 어느 문예지나 이런 방식으로 작품을 가려내는 것이 현실입니다. 이래서는 문학을 대하는 의욕 따위가 있을 리 없습니다. 편집자를 전문가로 인정할 수도 없고 말이지요. 전문성을 지닌 편집자가 좀처럼 양성되지 않는 것은 어쩌면 이런 이유인지도 모르겠습니다.

당신의 재능 정도면 마지막 심사에 남을 공산이 크겠지요. 문제는 심사위원의 질입니다. 개중에는 참 턱도 없는 사람이 섞여 있습니다. 새로운 소설을 거의 이해하지 못하는 자. 또는 이해하는 척하는 자. 또는 문단 내에서의 힘의 관계를 고려하는 자.

하기야 당신의 작품이 정말 탁월하다면 별문제가 되

지 않습니다. 압도적인 작품이라면 반드시 당신을 추천하는 이가 있을 테니까요. 우리나라의 문학이 그렇게까지 부패하지는 않았다고 믿고 있습니다. 가령 심사위원 전원이 얼간이에다 정치적인, 대책 없는 패거리들이라면 당신의 작품을 선택하지 않았다고 해서 실망할 필요가 없습니다. 그런 일이 비일비재한 세계라는 것을 일찌감치 아는 편이 좋습니다. 다른 세계도 그렇지만 이 세계에도 불순한 점이 많습니다. 예술이니까 순수한 세계일 것이라고 기대하지 않는 편이 좋습니다.

수상하지 못하더라도 당신의 작품을 주목하는 편집자가 반드시 있을 겁니다. 많지는 않아도 분명히 있을 겁니다. 그들은 아마 당신을 그냥 내버려 두지 않고 문예지에 작품을 실어 줄 겁니다. 활자가 되어 수많은 독자의 눈을 거치게 되면, 당신의 재능을 인정하는 사람들이 더욱 늘어나겠지요. 그러다 머지않아 문학상 하나쯤은 타게 될 겁니다. 초기에 소설가로 헤쳐 나가기에 유리한 상을 하나나 둘쯤 받아 두는 편이 좋기는 할 겁니다. 보다 권위 있는 상을 받을 것이냐 하는 것은 당신의 뜻에 달린 문제입니다만.

상을 받으면 당신의 작품을 평가한 심사위원들의 심사평을 죽 훑어보십시오. 그 김에 그들의 대표적인 작품도 읽어 보십시오. 그러면 그들이 왜 당신의 작품을 추천했는지 명백히 알 수 있습니다. 동시에 우리나라 문학의 수준도 대충 가늠하게 됩니다. 그리고 당신은 틀림없이 칭찬과 비난에 연연하지 않는 소설가로서 첫 걸음을 내딛게 될 겁니다. 당신이 목표로 삼아야 할 소설가는 당신 자신이기 때문입니다.

편집자를 너무 믿지 마라

신인상을 받게 된 당신은 시상식장에 불려 나가 사진을 찍고, 기념품과 상금을 받을 겁니다. 그들이 당신의 실력을 이해했는지는 알 수 없으나, 아무튼 소설가의 일원으로 맞아줄 겁니다. 그리고 수상 소감 원고와 함께 다음 작품도 의뢰하겠지요. 그때 당신은 이미 완성작이 두 편 있으며, 네 번째 작품을 쓰고 있는 중이라고 솔직하게 말해서는 안 됩니다. 그저 다음 작품을 최대한 빨리 완성하겠다는 약속만 하면 됩니다.

편집자는 물론 당신을 추천한 소설가도 당신의 실력을 의심하고 있습니다. 우연히 좋은 소설을 썼을 뿐인지도 모른다, 어쩌다 다루는 소재가 좋았을 뿐인지도 모른다, 두 번째 작품부터는 형편없어질지도 모른다,

하고 말입니다. 정말 소설가로서 잘 해 나갈 수 있을지 미심쩍은 겁니다. 유능한 독자는 한 편을 읽고도 그 실력을 가늠할 수 있지만, 유능하지도 못하면서 권위주의적인 독자는 의심이 아주 많습니다. 실제로도 그들은 많은 신인이 유야무야 사라지는 것을 많이 봐 왔습니다.

그깟 신인상을 받았다고 흔들리지 않는다고 자부하던 당신도 막상 보도의 대상이 되고 작품이 문예지에 실리는 등 현실로 닥치면 마냥 침착할 수는 없을 겁니다. 압박감이 생기는 겁니다. 압박감은 막강한 적이자 당신의 재능을 말라비틀어지게 하는 가장 큰 원인입니다.

응모하기 전에 작품 세 편을 미리 써 두라고 말한 것은 이 압박감을 비껴가기 위함입니다. 나의 경우에는 안타깝게도 수상작 딱 한 편밖에 없었던 터라, 그 후에 엄청난 고생을 했습니다. 한 작품으로는 책을 엮을 수도 없어, 첫 단행본이 출판된 것은 훨씬 나중의 일이었습니다. 그러나 당신에게는 두 편이 아직 남아 있습니다. 원고 마감 날짜가 다가오면, 그 두 작품 중에서 한 작품을 마치 지금 막 탈고한 것처럼 편집자에게 넘기십시오. 그 작품은 압박감이 없을 당시에 완성한 것이니, 심한 압박감 속에서 쓴 실패작과는 차원이 다릅니다. 그리고 다음 작품을 의뢰받으면 똑같은 식으로 남은 한 작품을 건네는 겁니다. 서둘러 건넬 필요도 없습니다. 2, 3개월 후에 건네면 됩니다.

그동안 네 번째 작품이 완성되어 있겠지요. 잘하면 다섯 번째 작품도 완성되어 있을지 모릅니다. 그리고 그 정도 쓰다 보면 소설가라는 신분에 많이 익숙해져 압박감을 물리칠 수 있는 힘도 비축되어 있을 겁니다. 이제 당신은 지금까지 쓰던 페이스를 지키면서, 편집자가 뭐라고 비위를 맞추고 협박하고 추어올리든 절대 타협하면 안 됩니다.

당신처럼 일하는 소설가에게 편집자는 때로 적이 될 수 있습니다. 그들은 당신을 도구로 사용하고 싶어 하지 그 이상의 대우를 꺼립니다. 그들은 이런저런 말은 많이 하지만, 최대한 빨리 화제의 신인인 당신에게서 원고를 받아 내고 싶을 뿐입니다. 작품의 질은 차치하고 말이지요. 그들의 입방아에 놀아나 어중간한 작품을 잇달아 발표한 나머지 2, 3년 못 가 소설가 구실을 못하게 된다 한들 그들은 상관치 않습니다. 그쯤에는 다른 신인의 원고를 받아 내려 광분하고 있을 테니까요.

그러니 편집자를 지나치게 믿어서는 안 됩니다. 이 점을 반드시 주의하십시오. 당신의 작품이 마음에 들고 당신의 재능을 꿰뚫어 봤기에 스스로 담당 편집자가 되었는지, 아니면 회사의 지시로 어쩌다 당신을 담당하게 되었는지 잘 관찰해야 합니다.

책을 출판하는 것은 출판사지만, 당신이 실제로 함께 일하는 사람은 담당 편집자 개인입니다. 출판사는 좋은데 담당 편집자는 그렇지 못하면 참담하기 이를 데 없겠지요.

전문 편집자가 맞는지 의심스러운 편집자들이 널려 있습니다. 편집자로서 최소한의 안목을 갖추고 있는지도 확인하십시오. 당신이 편집자를 선택할 수는 없지만, 그 편집자 수준이 어느 정도인지를 미리 알아 두면 나름의 대응을 할 수 있으니 최악의 상황에도 피해를 줄일 수 있습니다.

편집자와 일을 할 때, 일단 문학 얘기는 피하고 음악이나 영화, 미술 등의 얘기를 먼저 하십시오. 문학에 관해서는 직업상 이런저런 정보를 많이 갖고 있으니, 임기응변이 가능합니다. 그런데 다른 분야 얘기를 하면, 관심이 있지 않고서야 금방 바닥이 드러나니 그 수준을 쉽게 간파할 수 있습니다. 믿기 어렵겠지만 최근의 예술계 동향에 무지한 편집자들이 아주 많습니다.

안타깝고 수치스러운 일인데, 편집자의 질을 따지지 않을 수 없을 정도로 문학계의 현실은 한심합니다. 가장 난감한 경우는 애당초 의욕이 없는 편집자입니다.

월급 받고, 상여금 받고, 회삿돈으로 소설가들과 함께 술을 마시고 놀면 그만인 유형. 또는 의욕은 있지만 안 목이 없는 데다 소설가를 출세의 도구로밖에 여기지 않는 유형. 작품의 질이 어떻든 책이 많이 팔리거나, 아니면 정치적인 처세에 능해 문학상을 잘 받겠다 싶 은 소설가에게만 힘을 실어 주는 유형. 또는 소설가의 유치한 사생활을 동경하면서 비슷한 행태를 보이고, 신인에게 호통질이나 하며 잘나가는 편집자인 척하는 유형. 우연히 담당 편집자가 되었는데, 훗날 그 작가를 키운 사람은 자신이라고 허풍을 떠는 유형. 참 여러 가 지로 많습니다.

편집자가 정말 당신을 생각해서 충고하거나 조언한 다고 여겨서는 안 됩니다. 그는 기본적으로 자신밖에 헤아리지 않습니다. 심지어 자신이 만드는 문예지나 자신이 속한 회사의 사정도 고려하지 않는 경우가 있 습니다. 그런 편집자가 당신의 상황을 헤아릴 리 없지 요. 당신의 미래보다는 월급 받으며 사는 자신의 미래 를 걱정하는 데 골몰할 겁니다.

그러니 당신이 어떤 식으로 작품을 쓰는지는 아랑곳 하지 않고 줄줄이 작품을 의뢰하는 것이지요. 최소한 반년은 걸려 써야 할 소설을 한 달 남짓에 쓰라고 하면 서 그래야 진정한 프로라 할 수 있다고 은근히 부추기는 것입니다.

절대 타협하지 않는다

그럴 때, 당신은 단호하게 거절해야 합니다. 신인 주제에 건방지다고 여겨질까 봐 겁먹어서는 안 됩니다. 그 정도 시간 가지고는 좋은 소설을 쓸 수 없다고 분명하게 전하십시오. 상대가 이해를 하든 말든, 왜 자신의 페이스대로 쓰는 것이 중요한지를 설명하십시오.

그러나 그렇게 거절했다고 해서 순순히 물러설 그들이 아닙니다. 당신이 그들의 반문학적인 업무 페이스에 적합하지 않는 사람이라는 것을 알아도, 당신의 재능을 인정하는 독자가 있는 한 포기하는 일은 없을 겁니다. 이런저런 수법을 총동원해서 쓰게 하겠지요. 그 시간에 장편을 쓸 수 없다면 연재로 하면 어떻겠느냐, 신년호에 단편을 싣고 싶다, 에세이면 쓸 수 있지 않겠느냐, 대담은 어떻겠느냐…….

이 모든 것들과 절대 타협하면 안 됩니다. 처음이 중요합니다. 그 정도면 할 만하겠다고 수락하면, 연쇄적으로 허물어져 한낱 평범한 소설가로 전락하게 됩니다. 고작 재능의 십분의 일을 발휘하고 충분하다 여기는 삼류 소설가 무리에 끼어들게 됩니다. 그래도 당신 정도 재능이 있는 사람이라면, 주위에 우글거리는 소설가들보다 머리통 하나만큼은 튀어나온 위치에 있을 수 있겠지요. 그러니 일도 많이 해서 수입도 늘어나고, 이름도 꽤 알려져 일인자가 된 듯한, 무슨 기수라도 된 듯한 기분에 젖을 수 있겠지요.

그런 날들을 계속하다 보면 당신은 아직 오르지 않은 높은 산이 있다는 것을 까맣게 잊고, 아직 파헤치지 않은 광맥이 있다는 것도 까맣게 잊게 될 겁니다. 그런 소설가가 되라고 내가 이런 거 하지 마라, 저런 거 하지 마라 하는 게 아닙니다.

우리나라에서는 재능만 조금 있으면 소설가로 데뷔하기가 그리 어렵지 않습니다. 특히 요즘 같은 수준에서는 10년, 아니 20년이나 30년 전보다 훨씬 수월합니다. 상황이 그렇게 된 데에는 출판사에 책임이 있습니다.

어찌되었든 해마다 신인을 배출하고 책을 출판하면 된다는 식으로 해서는, 질이 낮은 작품 속에서 가장 좋은 작품을 골라내면 된다는 적당한 방식으로 해서는, 이런 날이 오는 게 뻔합니다. 게다가 상업적으로도 결과는 무참했습니다. 안목 있는 독자들을, 주머니를 털어 책을 사는 독자들을 줄줄이 놓치게 된 것입니다.

오늘날의 문학은 학문이 아니라 놀이입니다. 다 큰 어른들이 모여 예술가인 척하면서 놀이를 하는 겁니다. 당신 정도 재능이 있는 소설가라면, 그런 무리 속에서 반은 놀면서 소설을 써도 평생 이름을 날릴 수 있을 겁니다. 그러나 당신은 그렇게 되어서는 안 됩니다. 그 정도에 만족해서는 안 됩니다.

수많은 유혹이 당신을 노리고 있습니다. 편집자의 노련한 처신에 농락당하다 못해 진정한 소설가로서의 길이 막히기도 합니다. 이를 거역하기는 소설을 쓰는 것보다 열 배 스무 배 어렵습니다. 당신이 100년에 한 번 나올까 말까 한 소설가가 될 수 있느냐 하는 것은 오직 거기에 달려 있다고 해도 무방합니다.

소설가가 되기 전 당신은 어떤 인생을 살아왔나요. 당신은 볕이 잘 드는 길을 걸어왔나요. 아니, 걸으려 했던가요. 당신은 수많은 사람에게 주목받은 적이 한 번이라도 있었나요. 아마 없었겠지요. 당신은 굳이 고립된 입장을 취하지 않아도 한없이 그에 가까운 상태에서 살아왔습니다. 그것은 불행하지는 않아도 비참한 날들이 아니었나요.

그런데 소설가라는 이름이 붙는 순간, 유난스럽게 눈부시고 허황된 스포트라이트를 받게 된 겁니다. 그렇게 해서 당신의 인생관이 완전히 바뀌었습니다. 고작 이 정도 빛에 현혹될 리 없다고 믿었지만, 내가 이용하면 했지 이용당하지 않는다고 큰소리쳤지만, 지금까지 경험해 본 적 없는 세상의 주목은 당장 당신의 판단을 흐리게 하고, 당신의 마음속에서 잠자고 있던 저속함을 일깨워 아주 짧은 기간에 다른 사람으로 만들어 버립니다.

흥분한 당신은 이제 예전의 차분한 생활로는 돌아갈 수 없습니다. 따라서 인간과 이 세상을 냉철하게 바라볼 수도 없고, 허접한 오락소설밖에 쓸 수 없게 되었습니다.

당신이 젊으면 젊을수록 그럴 위험이 높습니다. 인생 경험이 부족한 만큼 스포트라이트의 눈부신 빛에 현혹되고 중독되어, 그 빛 없이는 살 수 없어진 나머지 소설가 이상의 뭐라도 된 듯한 터무니없는 착각에 빠지게 됩니다.

바로 그때부터 소설가는 전락하기 시작합니다. 당신의 재능은 그 빛에 말라비틀어져 쓸모가 없어집니다. 그렇게 허술한 재능이 아니라고 자부했는데 말입니다. 재능이란 어차피 그 정도에 불과한 겁니다. 그러니 그 재능을 잘 지키고 키워나갈 사람은 당신밖에 없습니다.

원고료는 작품에 대한 평가와는 다른 것

당신은 소설로 인정받았는데, 실제로는 소설 외의 일거리가 많이 들어옵니다. 그런 일들은 순문학에 비하면 상당히 많은 금액을 받습니다. 쉽게 말해서 본업보다 아르바이트 수입이 더 높은 것이지요.

바로 여기에 함정이 있습니다. 당신이 신인상을 수상한 단계에서는 아마 어느 문예지나 400자 원고지 1매당 2000엔에서 3000엔의 원고료를 제시할 겁니다. 그렇게 10년이고 20년이고 계속 써도 기껏해야 5, 6000엔을 넘지 못합니다. 간혹 그 이상의 원고료를 주는 경우도 있지만, 당신이 문화훈장을 받거나 노벨상을 받았을 때 그 축의금조로 붙여 주는 형태에 불과합니다.

순문학 세계에서 원고료는 연공서열과 비슷한 부분이 있어, 당신이 쓴 작품이 전례가 없을 만큼 훌륭하더라도 쉬지 않고 구질구질한 작품을 써내는 소설가의 원고료보다 낮습니다. 실력 위주, 능력 위주의 세계여야 마땅한데, 실상은 동사무소나 별 다름이 없습니다. 일본의 현실이라고 하면 그럴 수도 있겠지만, 의외로 긴장감이 결여된 이유가 이런 곳에 있지 않을까 합니다. 언젠가는 개선될 것이라고 기대했지만, 몇 년이 지나도 이 관례는 개선될 기미가 보이지 않은 채 지금에 이르렀습니다. 아마 앞으로도 그럴 것 같습니다.

낮은 원고료를 지불하는 출판사의 변명은 이렇습니다. 문예지는 매달 적자를 보고 있기 때문에 이 정도밖에 줄 수 없다는 것이지요. 출판사는 여느 기업과 달라서 사업 실패에서 오는 부담을 짊어지는 일이 거의 없습니다. 그 부담을 짊어지는 쪽은 언제나 소설가와 작은 동네 서점이지 출판사가 아닙니다. 물론 그들은 장사를 하는 것이니 부담을 지지 않으려 하겠지만, 그런 상법이 알게 모르게 그들을 퇴보적으로 만들어 오늘날 문학계의 쇠퇴와 소설가의 추락을 초래한 것은 아닐까요.

지금의 문예지는 죽어 가고 있습니다. 내가 데뷔했을 당시에는 문예지가 얼마 없었기 때문에 소설가들은 열심히 써서 다른 소설가보다 좋은 작품을 완성하지 않고는 좀처럼 문예지에 실릴 수 없는 상황이었습니다.

그런데 어떻게 된 일인지 한편에서는 문학이 쇠퇴하고 있다는데 문예지의 숫자는 늘어났습니다. 대형 출판사라는 증거가 필요했던 것일까요. 그리고 각 문예지는 왜 매달 발간을 해야 하는지, 왜 해마다 두 번이나 신인상을 수여해야 하는지를 고민조차 않고, 문학이란 그런 것이라고 믿고서 대량의 소설을 세상에 마구 뿌려 댔습니다.

문예지가 늘었다고 해서 소설가의 수가 급증한 것은 아닙니다. 그 탓에 그렇게 유능한 소설가가 아니어도 작품을 쉽게 발표할 수 있게 되면서 도저히 읽어 주지 못할 작품도 싣게 되었습니다. 그러지 않고는 매달 몇백 페이지에 달하는 문예지의 지면을 메울 수 없기 때문이지요. 그러니 한 문예지에서 거절된 원고를 다른 문예지에서 주워 가는 겁니다.

물론 편집자들은 이 모순을 잘 알고 있습니다. 그래서 이렇게 변명합니다. '말이 문예지지 어차피 동인지의 연장선에 있는 것이나 다름없으니, 미숙한 작품도 실리는 것은 당연하다', '그중에 10퍼센트 정도가 읽을 만한 작품이면 된다'. 누구를 위한 것도 아닌 그런 논리를 들이대면서 폭주한 결과 추락할 데까지 추락한 겁니다.

그들은 좋은 원고가 들어오지 않으면 문예지를 발간하지 않는다는 생각도, 허접한 작품에 지불할 원고료를 역작에 돌린다는 발상도 일절 하지 못합니다. 내가 그렇게 말하면, 그들은 일소에 부치면서 현실은 이상과 다르다며 콧방귀를 뀝니다.

문학의 이상이 그렇게 낮은 건가요. 이 이상 쓸 수

없다고 하는 선까지 썼으면서도 또다시 높은 곳을 지향하는 것이 문학 아닌가요.

이렇듯 질 낮은 소설가들이 마구 생기면서 그래도 웬만하던 중진 소설가까지 덩달아 질이 떨어졌습니다. 그들은 너무도 유치한 작품들을 보면서 점차 이상한 자신감에 빠져 앞으로 나아가는 것을 포기하는가 하면, 이 정도면 죽을 때까지 중진에서 원로로 군림할 수 있겠다고 진짜 믿게 된 것입니다. 그들에게는 자신의 지위를 위협할 만큼 뛰어난 신인보다 한심하고 무능한 신인이 더 유리한 것이지요.

거듭 말하지만 편집자는 출판사에서 일하는 사람입니다. 그 점을 반드시 유념하기 바랍니다. 그들은 문학과 예술을 운운하지만, 결국 회사라는 체제 안에서 일합니다. 소설가와는 물과 기름의 관계일 수밖에 없습니다. 서로 섞일 필요도 없고, 또 섞일 리도 없습니다. 만약 섞였다면 소설가가 기름이 아니라 물이었다는 뜻이지요. 이 세계에 있을 사람이 아니라는 말입니다.

자립이야말로 소설가로 가는 길

우리 소설가들은 여러 가지 의미에서 직장에 다니는

사람들과는 다른 삶을 살아야 합니다. 굳이 원하지 않아도 절로 그렇게 사는 것이 진정한 소설가라 할 수 있겠지요. 안정이 아닌 불안정, 질서가 아닌 혼란, 집단이 아닌 개인, 협력이 아닌 단독행동, 타협이 아니라 반항 등, 다양한 면에서 회사원과는 정반대 입장에 서 있습니다. 거의 태어나면서부터 말이지요.

이는 반사회적이라는 뜻입니다. 반사회적인 존재라는 조건 없이는 예술 세계에 뛰어들 수 없습니다. '앙가주망engagement'이라는 코트는 문화인이 걸치는 것이지 창작하는 사람이 입는 것이 아닙니다.

사회적인 사람들과는 전혀 다른 위치에 있기 때문에 그냥은 보이지 않는 것을 볼 수 있고, 따라서 갈등이 발생하고, 쓸 만한 가치가 있는, 읽히기에 값하는 불똥이 튀는 것입니다.

그런데 우리나라에서 소설가와 편집자의 관계는 때로 징그럽게 느껴질 만큼 밀접합니다. 사회적인 편집자가 반사회적인 소설가 쪽으로 다가오고, 소설가가 편집자 쪽으로 필요 이상 가까이 가는 탓에, 거기에서 생긴 작품이 이도저도 아닌 어중간한 것이 되는 겁니다. 편집자는 회사원이면서 반사회적인 분위기를 풍기고, 소설가는 자유로운 입장에 있으면서 사회적인 척도에 매달리는 아무 매력 없는 인간으로 변모하고 말았습니다.

따라서 소설가와 편집자는 서로 깊이 관여해서는 안 됩니다. 부러 엄격하게 선을 긋는 것이 좋습니다. 그런데 편집자에게 이런 말을 해 봐야 그들은 귀 기울이지 않습니다. 그들은 그 애매한 입장을 좋아하기 때문입니다. 그들은 직장인이 아니라는 자부심을 원하고, 조금은 망가진 삶을 재미있어 하는 탓에 그 일을 계속하고 있으니 말입니다.

그러니 소설가인 당신이 그런 자세를 반듯하게 유지하십시오. 물론 당신의 그런 삶의 방식은 편집자에게 환영받지 못하겠지만, 그런 일에 일일이 신경 써서는 좋은 일을 할 수 없습니다. 창작하는 사람은 자신의 것이 아닌 힘에 기대서는 안 됩니다. 그 정도는 잘 알고 있다고 말하는 소설가는 많지만, 실제로 알고 있는 소설가는 많지 않습니다.

그들은 주위 사람들에게 매달려서, 기대어서 쓰려고 합니다. 특히 편집자와 밀접한 관계를 유지합니다. 함께 술을 마시면서 다른 소설에 대해 의논하는가 하면, 소설가가 편집자의 별거 아닌 한마디 — 기껏해야 일시적인 발상에 지나지 않는 — 를 힌트로 해서 "음, 그거 괜찮겠는데" 하고는 집에 돌아가 그대로 쓰는 일도 있습니다. 그 원고를 받아든 편집자는 자신의 아이디어가 도움이 되었다는 사실에 만족하면서, 이런 것이야말로 편집자의 역할이라고 믿는가 하면 그런 데에서 보람을 느끼려 합니다.

편집자는 원고를 받는 것에만 철저하면 됩니다. 즉 일일이 도와주지 않으면 원고지 한 장 채우지 못하는, 마감 날짜를 앞두고 재촉하지 않으면 원고를 완성하지 못하는 소설가는 상대하지 말아야 합니다. 그런 사람을 소설가로 대접하니 형편없는 원고를 건네받게 되는 겁니다. 훌륭한 편집자는 지긋하게 몇 년을 기다리다가 바로 이거다 하는 원고를 받았을 때 온 힘을 다해 책으로 만들어 세상에 내보내는 사람입니다.

그런 편집자가 있고 없고를 떠나, 당신은 당신의 페이스를 지키며 모든 책임을 지고 마지막까지 누구에게도 말하지 않은 채 자력으로 완성해야 합니다. 그것이 기본입니다. 그 당연한 일을 하지 못하는 소설가가 끊이지 않는 것은 대체 어떻게 된 일일까요. 자립하지 못했기 때문입니다. 지금까지의 문학이 자립하지 못하는 뒤틀린 정신 위에 성립해 있었다는 걸 믿고 안이하게 쓰려 했기 때문이지요. 앞에서도 말했지만, 그런 작품은 문학이 아니라 벌레입니다.

시상식에서

새로운 문학은 기존의 소설가 유형이나 그들의 삶과 쓰는 방식에서는 절대 태어나지 않습니다. 모든 것은 독립적인 정신과 홀로 가는 자세를 유지하느냐 마느냐에 달려 있습니다.

아무쪼록 대인 관계를 조심하기 바랍니다. 허물어지는 원인이 여기에 있습니다. 당신의 수상 파티에서도 당신은 흥분해서는 안 됩니다. 그 화려한 자리에서도 당신은 소설가로서의 시선을 잃어서는 안 됩니다. 거기에 모인 면면들을 냉철하게, 재빨리 관찰해야 합니다.

소설가, 평론가, 편집자. 이들이 과연 어떤 인종인지, 어떤 이해관계 속에 있는지, 문학에 얼마나 관심을 갖고 있는지 잘 헤아려 보십시오. 그리고 이들과 한 무리가 될 필요는 없다는 것을 피부로 실감하기 바랍니다. 당신에게 다가와 당신의 수상작에 대해 한마디 하거나, 유독 고차원적인 문학론을 늘어놓거나, 질투심을 드러내며 비판하는 사람도 있을 겁니다. 그러나 당신은 이들을 진지하게 상대하지 않아도 됩니다.

그 자리에서 당신은 수상소감을 간단하게 밝히고, 다른 사람이 하는 얘기에 적당히 고개를 끄덕이면 됩니다. 절대 속내를 드러내지 말고 그저 소설가로 데뷔하게 된 사실만을 어필하십시오.

당신은 누가 이래라저래라 하는 잔소리를 듣고 싶지 않고, 뭘 하라고 엉덩이를 걷어차이고 싶지 않아 이 세계로 들어왔다는 점을 잊어서는 안 됩니다. 직종을 바꾸기는 했지만 새로운 인간관계를 원해 펜을 든 것은 아니니까요. 집단에 가담해서 파벌을 형성하거나 원로라 불리는 소설가에게 접근해서 어울려 노는 사이가 된다면, 이 세계를 지향한 의미가 없어질 뿐더러 당신 자신의 재능마저 의심스러워질 겁니다.

홀로 시작해 홀로 끝내는 것이 예술을 추구하는 자의 마땅한 자세입니다. 그것이 불편하다면 직장인으로 돌아가는 것이 현명합니다.

그리고 머지않아 당신에게 문예가협회나 펜클럽에 들어오라는 권유가 있을 겁니다. 당신이 늙어서 수입이 줄거나 곤경에 처했을 때는 우리 조직이 도와드릴 겁니다. 문인들끼리의 국제적인 교류를 강화하고, 우리나라의 예술을 널리 알리기 위해서 같이 힘을 냅시다. 만약 출판사에서 원고료나 인세를 지불하지 않는 경우에는 대신 중재를 해드리겠습니다. 당신의 작품이 영화화될 때는 최대한 원작 사용료를 높게 받아 드리겠습니다. 당신의 저작권이 침해되었을 경우에는 재판도 불사하겠습니다…….

당신은 그런 조직에 입회하라는 권유를 딱 잘라 거부해야 합니다. 모두 당신의 자립을 저해하는 요소입니다. 소설가가 된 당신은 어떤 환경에 처하든 당신의 힘과 재능으로 살아가야 합니다. 의지하고 싶은 마음이 조금이라도 생기면 재능의 벽은 와르르 무너지고 맙니다. 불안과 고독과 분노와 슬픔을 뚫고 나아간 저 너머에 아직 누구도 손대지 않은 문학의 광맥이 있으며, 아직 누구도 오르지 못한 높은 산이 솟아 있습니다.

소설가들의 국제 교류라는 것도 문학에 있어서는 실로 허망한 행위입니다. 당신은 오직 쓰는 것에만 전념해야 합니다. 당장은 아니어도 언젠가 당신이 어마어마한 작품을 쓰게 된다면, 볼 줄 아는 이의 눈에는 반드시 띄게 될 겁니다.

별거 없는 작품을 가지고 출판권을 팔아 해외시장으로 진출하고, 외국에서 열리는 회의에 수시로 출석해 얼굴을 팔아 봐야, 어느 정도 상대야 해 주겠지만 결국은 세일즈맨 정도의 대접을 받습니다.

그래도 세계 독자들에게 선보이고 싶다면 쓸데없는 짓을 할 거 없이 집필에 몰두해 훌륭한 작품을 만들어 내는 길밖에 없습니다.

원고료나 인세를 받지 못했을 때에는 직접 해당 출

판사를 찾아가 담판을 지으십시오. 왜 지불하지 않는지 한바탕 난리를 피우십시오. 그것이 자립한 삶입니다. 또 늙어서 수입이 줄어든 탓에 입원할 돈도, 묘를 쓸 돈도 없다면 결연하게 나가 죽도록 하십시오. 그 정도 각오가 없으면 소설가가 되지 않는 게 좋습니다.

원고료만으로 생활한다

아무리 완강하게 버텨 본들 인간은 결국 혼자서는 살 수 없습니다. 집단에 끼지 않는다, 조직에 종속되지 않는다, 말이 그렇지 당신은 이미 국민의 한 사람이며, 지역사회의 일원입니다. 나라에 세금도 바치고, 보험료며 기부금을 내기도 하지요. 이웃과의 교류도 약간은 있을 겁니다. 또 당신을 둘러싼 친인척, 친구, 지인 등도 딱 잘라 버릴 수는 없습니다. 아무도 의지하지 않고 살고 있다고 당당하게 단언할 수 있는 상황은 아닙니다.

그러나 그럼에도 당신은 가능한 한 소설가로서 개인으로 살아가야 합니다. 그러다 보면 쓸 소재들이 잇달아 눈에 들어옵니다. 당신은 그 약한 입장이 되는 것을 두려워해서는 안 됩니다. 그러나 그 약한 입장을 사랑

해서도 안 됩니다. 불안과 혐오를 느끼기에 그 입장에 있는 것입니다. 당장 내일 먹을 게 없더라도 과거의 친구나 지인에게 돌아가서는 안 됩니다.

빚을 지느니 아르바이트를 해서라도 개인의 긍지를 지키십시오. 부모에게 돈을 받는 것은 더욱 안 됩니다. 당신은 펜을 들 때마다 마음속으로 이렇게 말해야 합니다. 글을 써서 들어오는 수입만으로 먹고살겠다고. 만약 당신이 쓴 작품이 많이 팔린다면 당연히 당신의 수입도 늘어납니다. 가령 한 권의 가격이 천 엔이라면 당신은 그 금액의 10퍼센트를 인세로 받습니다. 아주 많이 팔리면 그 이상이 굴러들어오기도 합니다. 잘하면 반년 만에 지금까지 구경도 해 본 적 없는 거금을 손에 쥐게 될지도 모릅니다. 일반적으로 좋은 책은 오히려 잘 안 팔린다고 하는데, 반드시 그렇지만은 않습니다. 어느 출판사나 어떤 유형의 소설이 잘 팔리는지는 대충 알아도, 실제로 어떤 책이 팔릴지는 알 수 없으니까요.

만약 당신의 책이 잘 팔렸다면, 주저 없이 소설에 전념하도록 해야겠지요. 다음에 나올 책이 그렇게 많이 팔릴 것이라 여겨지지 않더라도, 지금 다니는 직장을 그만두십시오. 잘 팔리지 않더라도 그렇게 하십시오. 이런 일을 선택한 이상, 앞날을 고려한다는 것은 무의미한 일입니다.

눈앞은 캄캄한 어둠이지만, 그것은 어쩌면 빛일지도 모릅니다. 어둠일지 빛일지는 당신의 노력과 운에 달렸습니다. 이 불안정함을 자각하면서 각오를 다지고 대담하게 뛰어드십시오. 어떻게든 됩니다. 긴장감이 당신의 재능을 한층 더 갈고닦아 줄 겁니다.

돈은 요물입니다. 그깟 돈 따위, 하고 생각하지만 갑자기 뜻하지 않은 돈이 굴러들어오면 흔들리는 법입니다. 한두 번 흔들리고 미쳐보는 것도 나쁘지는 않겠지요. 그런 상태가 어떤 것인지를 아는 경험이 될 수도 있습니다. 허망하다는 걸 깨우칠 때까지 써도 상관없습니다. 빈털터리가 되면 다시 원점으로 돌아갈 테니까요.

그러나 그 과정을 반복해서는 안 됩니다. 한 번 경험한 것으로 충분합니다. 다음부터는 아무 생각 없이 마구 써 대서는 안 됩니다. 남는 돈은 저축해야 합니다. 다음 작품을 완성할 때까지는 그 돈으로 버텨야 합니다. 그 금액이 크면 클수록, 다음 작품에 시간을 넉넉히 투자할 수 있습니다. 시간을 투자하면 좋은 작품이 완성될 확률이 높아지고, 결과적으로 좋은 작품이 출판되면 팔릴 가능성도 높아집니다.

하지만 매사 그렇게 잘 풀리지는 않습니다. 내는 책

마다 잘 팔려서 그 인세만으로 생활이 가능한 경우는 많지 않습니다. 내는 책마다 잘 팔린다는 것은 어느 작품이나 그만그만하고 거기서 거기라는 증거입니다. 당신의 강렬한 개성이 충분히 발휘되지 않았다는 뜻입니다. 당신의 재능이 꽃피고 기존의 문학에서 서서히 멀어질수록 당신의 작품을 이해하고 즐겨 읽는 독자의 수는 점차 줄어들고 한정될 것입니다. 책은 팔리지 않고 수입도 줄어들 것입니다.

눈앞의 욕망을 채우고 만족하지 마라

그렇다고 끝없이 판매가 추락하는 일도 없습니다. 꾹 참으면서 어떻게든 그 시기를 견뎌 내십시오. 소설 자체에만 시간을 투자하고, 돈이 되는 다른 일은 하지 않는 이 방식은 생활을 위해서는 최선이 아닙니다. 남들 같은 수준의 생활을 원하지만, 그에 미치지 못할 수도 있습니다.

그렇더라도 생각을 바꾸거나 생활 패턴을 바꿔서는 안 됩니다. 생활고에 시달려 타협하면, 소설은 나중에 쓰고 당장은 돈을 벌자고 생각하면, 그 순간부터 이상이 허물어지기 시작해 높은 산은 두 번 다시 지향할 수 없게 됩니다. 돈에 눈이 먼 다른 소설가들과 다를 바가 없어집니다. 재능이 없는 소설가는 그래도 상관없습니다. 그러나 당신은 다르지 않아요. 눈앞의 욕망 때문에 뱀의 머리 같은 이류로 전락하고도 만족하는 형편없는 소설가가 아니지 않습니까.

처음이 중요합니다. 어떻게든 초심을 관철하기 바랍니다. 지금은 내 말을 이해할 수 없어도 10년쯤 흐르면 반드시 이해하게 될 겁니다. 그 세월 동안 초심을 유지하면 그간 써 온 작품이 당신의 든든한 동반자가 되어 줄 겁니다. 독자를 우롱하지 않는 작품을 계속 쓴다면 새로운 독자들이 손을 내밀어 줄 겁니다.

물론 그 수는 많지 않겠지만, 한 번 읽고 버리는 작품보다는 훨씬 낫습니다. 조금씩이라도 오래 팔리는 작품을 써야 그 인세로 먹고살 수 있는 날이 온다고 믿어야 합니다. 반드시 그렇게 된다는 보장은 없지만, 시도해 볼 가치는 충분합니다. 좋은 소설을 쓰고자 한다면 다른 길은 없습니다.

그렇게 되기까지 10여 년의 세월을 어떻게 버티면 좋을까요. 그저 사는 데만도 돈이 들어갑니다. 생활비가 필요합니다. 그렇다고 안이하게 에세이를 쓰거나 TV에 출연하는 허튼짓은 하지 말아야 합니다. 소설가라는 딱 한 가지 이유, 그 이유로 들어오는 일이 아니면 수락하지 않는 편이 좋습니다. 모든 착각과 오류가 거기에서 비롯됩니다.

마음대로 운신할 수 없는 직장인의 입장도 좋지 않습니다. 직장에 고용된 상태에서 글을 쓰는 소설가도 있기는 하지만, 그 작품이 굉장한 것을 품고 있는 경우는 없습니다. 안정적인 수입과 앞날이 보이는 인생 덕에 어딘가 모르게 안이하고 가벼운 소설을 쓰게 됩니다. 그리고 그 직장에서는 사내에 소설가가 있다는 점을 교묘하게 이용하려고 합니다. 광고거리의 하나로 여기는 선에서 끝나면 다행이지만, 그 조직에서 불거지는 언동을 압박하고 배제하는 도구로 사용할 수도 있습니다.

가령 그 회사의 일원으로 조용히 일하며 소설을 쓰는 소설가가 있다면 이미 소설가라고 할 수 없지요. 그런 경우, 소설은 취미에 불과합니다. 또 동료나 부하 직원들 사이에서 '저 사람은 놀이 삼아 회사에 나온다' 하는 인상이 정착되어, 아무리 성실하게 일을 잘해도 마지막에는 관계가 어색해지고 맙니다.

수입이 필요하다면 아르바이트로 충분합니다. 그것도 최대한 짧은 시간에 단순하게 할 수 있는 일을 선택하여 피곤해지지 않도록 합니다. 시급이 적더라도 그런 일을 선택하십시오. 육체가 너덜너덜해지는 일은 피해야 합니다. 피곤하면 펜을 쥘 수 없습니다. 좋은 생각도, 이미지도 떠오르지 않습니다. 남은 시간에는 그저 먹고 잘 뿐이라면, 주객이 전도된 것입니다.

생각대로 그런 일이 잘 찾아지지는 않겠지만, 분명히 있을 겁니다. 없으면 가장 비슷한 일을 하며 견디십시오. 그렇게 하는 일에는 돈을 번다는 것 외에도 중요한 의미가 있습니다. 일하면서 세상의 현실을 있는 그대로 보는 것이 당신의 소설에 큰 도움이 될 겁니다. 아무 재미도 없는 일을 통해 보는 바깥세상은 서재에만 틀어박혀 있어서는 절대 얻을 수 없는 중대한 발견을 당신에게 선사해 줄 겁니다. 그 현장에서의 체험은 아무리 사소한 것이라도, 아니 사소하면 사소할수록 당신의 재능에 빛을 더하고, 작품이 현실에서 유리되는 것을 억제하는 누름돌 역할을 할 것입니다.

덧붙여, 평론가의 경우라면 다른 일이 있어야 합니다. 그래야 공적인 입장에서 자신을 속이지 않고 문학과 관계할 수 있을 겁니다. 그러나 안타깝게도 대학교수라는 버젓한 직함과 안정적인 수입이 있으면서 제 발로 문단에 들어와 허접한 작품을 필요 이상 추어올리는 들러리들이 널려 있습니다. 그들은 문학을 좋아하는 것이 아니라 문학을 디딤돌 삼아 출세하기를 좋아하는 것이지요.

아무리 쪼들려도 선인세는 요구하지 않는다

소설가는 당장 쓸 생활비만 가지고 있으면 충분합니다. 그 이상의 돈은 소설가를 추락하게 합니다. 그렇다고 먹고살 돈도 없다면 이 또한 소설가의 정신을 흐리게 하는 원인이 됩니다. 생활에 쫓기다 보면 정신이 황폐해지고 영혼이 위축되어 슬픔의 언어도 분노의 언어도 나오지 않게 되지요.

그러나 아무리 형편이 어려워도, 도둑질밖엔 길이 남아 있지 않더라도, 선인세를 요구해서는 안 됩니다. 생활비가 모자란다고 해서 출판사에 원고료나 인세를 미리 지급해 달라고 요구하는 버릇이 붙어서는 안 됩니다. 이미 원고를 넘겼거나 책이 제작되고 있는 경우가 아니면 그만두십시오.

나의 경우 지금껏 몇 번 미리 받은 적이 있는데, 결국 좋은 결과로 이어지지 않았습니다. 돌려줘야 한다는 부담감과 초조함 때문에 많은 양의 원고를 그저 써 갈긴 수준으로 소화해 씁쓸한 기억으로 남아 있습니다.

그래서 선인세를 요구하지 않게 되었습니다. 출판사와 대등한 입장에서 나의 페이스를 지키며 일하고 싶었기 때문입니다. 그러지 않고는 내가 그렇게 싫어하는 허접한 소설가로 전락하게 될 것 같았습니다. 자신이 하고 싶은 일을 하고 싶은 시간에만 하고자 한다면, 출판사와의 관계가 대등해야 합니다. 출판사의 말에 좌지우지되어서는 그럴 수 없습니다.

이 세계에서 마감 날짜를 정하는 사람은 보통 소설가가 아니라 편집자입니다. 편집자가 주도권을 쥐고 있는 겁니다. 아마 그렇게 날짜를 정해 놓고 시작하지 않으면 소설가가 하염없이 질질 끌기 때문이겠지요.

당신은 당신이 마감 날짜를 정하도록 하십시오. 그 때문에라도 선인세를 요구해서는 안 됩니다. 당신이 더 이상 쓸 수 없을 만큼 다 쓴 그날이 마감 날짜입니다. 쓰지 못해 난감한 것은 편집자가 아니라 당신입니다. 또 편집자의 일정에 맞춰 작품을 쓰다 질이 떨어져 난감한 것도 결국은 당신입니다.

신인인 당신이 그런 식으로 일하겠다고 하면 편집자는 아마 불편해하겠지요. 신인 주제에 건방지다고 여길지도 모르겠습니다. 하지만 어떻게 여기든 이거 한 가지는 반드시 관철하십시오. 당신이 편집자가 쓰라는 대로 마구 써 대는 말 잘 듣는 소설가라도, 작품의 평가가 하락해 책이 팔리지 않으면 출판사는 언제든 당신을 버립니다.

반면 당신이 시건방지고 아니꼬운 소설가라도, 당신이 발표하는 작품이 번듯하고 어느 정도 판매를 유지하고 있으면, 출판사가 고개를 돌리는 일은 없습니다. 명심하십시오. 처세술만 가지고는 오래 버틸 수 없습니다.

팔리는 작품이 전부 좋은 작품인 것은 아닙니다. 또 모두가 질 높은 작품인 것도 아닙니다. 그러나 독자의 기대에 부응하는, 또는 그 이상의 힘을 지닌 작품은 그렇게 많은 수의 독자가 달려들지 않아도 나름의 판매고는 유지됩니다. 그것도 아주 안목이 높은 독자의 지지를 얻습니다. 한두 작품으로는 돌아보지 않을지 몰라도 다섯 작품, 열 작품을 계속해서 발표하면 반드시 고정 독자층이 생깁니다.

당신의 소설을 읽고 싶어 하는 그들은, 당신에게 필요한 생활비와 출판사가 적자를 내지 않을 정도의, 때로는 흑자로 돌아설 수 있을 만큼의 매출을 보장해 줄 겁니다.

소설가들과의 교류

이쯤에서 문학 세계 속 대인 관계에 대해서 다시 한 번 언급하겠습니다. 소설가로 데뷔한 당신이 내 말을 믿어 주었다면, 세상과는 거의 인연을 끊은 외톨이 신세일 겁니다. 당혹스럽고 불안하겠지요. 어쩌면 외로운 나머지 친한 사람의 품에 안겨 답답한 마음을 토로하고 싶은 충동에 이러지도 저러지도 못하는 상태에 빠져 있을지도 모르겠습니다.

그러나 당신의 친구와 지인들은 아주 멀리 떠나가 버렸습니다. 전화를 걸어 불러내면 금방 만날 수 있겠지만, 그렇게 해서 만나 봐야 오가는 얘기가 옛날처럼 흥미롭지도 않고 또 대화 자체가 통하지 않는다는 것을 깨닫게 될 겁니다. 이는 우정이 식었다기보다 사는 세계가 너무 다르기 때문입니다. 당신은 당신이 얼마나 예사롭지 않은 세계에 살고 있는지를 옛 친구와 지인을 통해 새삼스럽게 깨달을 겁니다.

그렇습니다. 그들은 공동체 속에서 살고 있고, 당신은 개인으로 살고 있습니다. 개인으로 사는 사람이 고민거리를 들어줄 상대를 찾는 것은 헛된 일입니다. 당신은 당신을 구원할 사람이 당신 자신밖에 없다는 것을 분명하게 자각해야 합니다.

편집자라면 조금은 이해해 줄지도 모른다는 안이한 생각은 버리십시오. 편집자와 우정을 쌓으려는 생각은 잘못되었습니다. 어디까지나 두 사람은 일을 하는 데 필요한, 이른바 타산의 관계입니다. 가령 편집자 쪽에서 가까운 관계를 바라며 접근해 와도, 당신이 거기에 맞춰 내키지 않는 일을 맡아서는 안 됩니다. 대부분의 편집자는 소설가가 어떤 부류인지를 소설가 본인 앞에서는 절대 말하지 않지만 처절하게 알고 있습니다. 즉 그들은 모두 '소설가만 아니면 누가 이런 인간과 상종하겠는가' 하는 생각을 품고 있습니다.

설령 당신이 편집자의 이미지 속 소설가가 아니더라도, 또 그 편집자가 바람직한 인물이라 하더라도, 양자의 관계는 비즈니스 선에서 더 나아가면 안 됩니다. 당신에게 다가오는 상대가 있다는 것 자체가 옳지 않습니다. 그것은 소설가인 당신의 자립을 저해하는 교류가 될 뿐입니다.

하물며 소설가들과의 교류는 말할 가치도 없습니다. 20여 년 전, 내가 소설가로 데뷔한 당시 문사극文士劇이란 것이 있었습니다. 1년에 한 번 유명한 소설가들이 한자리에 모여 독자 이벤트라는 명분 아래 학예회의 연장에 지나지 않는 우습지도 않은 행사를 했던 것입니다. 지금은 그렇게 유치한 행사를 하지 않지만, 당시에는 상당히 인기가 있어서 꾸준히 열리지 않을까 싶을 정도였습니다.

솔직히 나는 문사극이란 게 있다는 것을 알았을 때, 어이가 없어 말이 나오지 않았고 문학 세계에 실망하고 말았습니다. 직장인들의 송년회와 뭐가 다른지, 연예인들의 개인기 자랑과 뭐가 다른지 참 의문이 들었습니다. 일본적이라고 하면 일본적인 인간관계라 할 수도 있지만, 나는 거북했습니다. 직장인 시절의 끔찍함이 되살아났기 때문입니다.

그리고 정말 그런 세계에서 훌륭한 문학이 탄생할 수 있을지 매우 의문스러웠습니다. 그 의문은 한동안 계속되었는데, '역시'라는 답이 도출되어 크게 실망했지요.

도쿄 긴자에 있는 고급 클럽에서 출판사 사장, 편집자, 작가, 평론가 들이 모여서 화기애애하게 술을 마시는 모습을 본 적이 있습니다. 내가 먼저 그 자리에 간 것이 아니라 이 세계가 어떻게 돌아가는지 잘 알지도 못한 채 억지로 끌려가 보고 말았던 것입니다. 아직 젊었을 시절이니 내 의지가 약했던 탓도 있었지요. 그때 나는 실로 불쾌하고, 이런 사람들과 같은 부류로 여겨진다는 게 참을 수 없었고, 지금까지의 문학이 이런 분위기 속에서 태어난 것이라면 앞으로의 문학은 보다 엄격한 분위기에서가 아니면 태어나지 않을 것이라고 직감했습니다.

그로부터 20여 년이 지나 문학은 쇠퇴의 길에 있습니다. 그런데도 옛날의 그 분위기는 지금도 달라지지 않았습니다. 그들은 문학을 정말 좋아한 것일까요. 아니면 그런 분위기를 좋아한 것일까요.

'고독'과 '개인성'을 관철한다

거의 아무와도 교류하지 않는 평범하지 않은 생활 방식에 당신은 당혹감을 느끼고 의문을 품겠지요. 인간다운 생활이라 할 수 없다는 한마디로 고독한 나날을 미련 없이 내던지는 것은 간단한 일입니다. 그러나 그렇게 되면 당장에 쓸 수 없어집니다. 쓰더라도 영혼의 울림과는 거리가 먼 형편없는 소설이 나옵니다. 그리고 종국에는 쓸 수 없어지고, 계속 쓴다고 해도 독자들이 외면하는 작품이 되고 맙니다.

그렇다고 그런 생활을 평생 지속하라는 얘기가 아닙니다. 아무에게도 의지하지 않고, 고독에 짓눌리지 않으면서 평온하게 원고지와 마주할 수 있게 될 때까지는, 소설가로서의 자세와 생활이 굳건하게 자리 잡게 될 때까지는, '고독'과 '개인성'을 관철하는 편이 좋다는 말을 하고 있는 겁니다. 고독을 사랑하거나, 끝없이 안으로 틀어박히기만 하는 삶과는 정반대되는, 보다 미래 지향적인 '고독'이며 '개인성' 말입니다.

세상 사람들은 우리가 하는 일이 연예인의 활동에

필적할 만큼 아주 화려한 것으로 여기는 경향이 있습니다. 소설가를 대중매체의 요란한 무대 위에서 활약하는 직업으로 착각하는 것이지요. 나만 해도 젊은 시절에는 그렇게 착각하고 있었습니다.

당신의 작품이 세상의 인정을 받고 많은 독자에게 읽혀 널리 알려지게 되었다 해도, 당신의 존재 자체와 생활은 소박해야 합니다. 이는 젊은이들이 암울하다며 피하려는 삶의 전형일지도 모릅니다. 목적 없이 그렇게 생활한다면 암울하다 할 수 있겠지요. 그러나 명확하고 큰 목적이 있어 그렇게 생활한다면, 더없이 밝고 눈부신 생활입니다.

마음을 완전히 닫고 살라는 것이 아닙니다. 그 점을 잊지 마십시오. 자신의 본질을 깊이 천착하고, 타인의 마음속을 들여다보고, 이 세상이 무엇인지를 알기 위해 마음을 여는 고고한 자세입니다. 떼를 지어 떠들고 마시며 교류하는 사람들의 삶이 반드시 밝은 것은 아닙니다. 그것은 암울함의 이면일 뿐입니다.

소설은 누가 뭘 어떻게 쓰든 무방한 것입니다. 그런데 우리나라의 문학은 얼마나 협소한지 놀라울 따름입니다. 왜 좀 더 다양한 작품이 나오지 않는 것일까요. 어느 작품이나 엇비슷합니다. 예술은 개성과 독창성이 생명인데도 불구하고, 작가의 이름을 확인하지 않고는 누가 썼는지 모를 작품들뿐입니다.

문장도 그렇고 형식도 그렇고, 주제도 큰 차이가 없습니다. 평론가들은 작은 차이를 가지고 요란스럽게 논하고 있습니다. 우리는 역동적인 문학을 낳을 수 없는 건가요. 아니, 가령 그런 작품이 있어도 모르는 척하고는, 언제까지 도토리 키 재기 같은 작품을 재생산하면서 도제제도가 판치는 세계에서 예술 놀이만 하고 있을 건가요.

세계적으로 유례가 없는 사소설

일본의 전통적인 소설 양식인 '사소설'에 대해 말해보겠습니다. 이는 소설가가 실제로 체험한 일을 그대로 쓴, 세계에 유례가 없는 소설 양식입니다. 경험을 그대로 쓰는 것이기 때문에 예술가에게 가장 중요한 상상력과 창의력이 거의 필요치 않습니다. 보통 사람들도 별어려움 없이 평생에 한두 번은 겪는 특별한 사건을 산문으로 써내려가면 되지요. 사소설은 사실이 가진 생생함과 박력으로 읽는 이의 마음을 움직입니다.

그러나 소설가가 된 후에 그런 작품을 연이어 발표하는 것은 어렵습니다. 신상에 생긴 일 중에서 소설에

써먹을 만한 사건이나 변화는 그리 많지 않기 때문입니다. 전쟁이나 대지진이 아니더라도, 연애와 결혼, 투병 생활, 혈육의 죽음 등의 개인적인 사건을 써서 읽는 이에게 '공감'이라는 감동을 주는 작품을 완성할 수도 있는데, 그런 소재로는 성급한 출판사의 주문에 응하기가 어렵습니다.

소설로 쓸 수 있을 만한 사건이 생기기를 끈질기게 기다리면, 언젠가는 조우할 수 있을 겁니다. 그런데 마냥 기다리기만 해서는 먹고살 수도, 소설가로 인정받을 수도 없습니다. 애당초 아마추어가 쓰는 사소설을 프로의 영역으로 끌어들인 것이 잘못이었습니다. 사소설을 쓰는 소설가는 자연스럽게 생기는 변화, 그것도 가능하면 비극적인 변화를 기다립니다. 기다려도 생기지 않을 땐 과거의 체험을 다시 한 번 헤집어 이미 딱지가 앉은 자리에서 다시 피가 흐르게 하고는, 거기에 살짝 색을 입혀 신작이라고 발표합니다.

이런 경우, '이 체험이야말로 내게는 평생을 써도 모자라는 값진 주제'라는 변명을 늘어놓아야 합니다. 그러나 무슨 말이라도 써야 돈을 버는 평론가는 칭찬할지 몰라도, 돈을 내고 읽는 일반 독자는 진력이 나서 떠나 버립니다.

또는 타인의 체험을 자기 체험화해서 쓰는 방법도

있습니다. 예를 들어서 타인의 비참한 피폭체험을 기록한 일기 등을 차용해 사소설로 발표하는 방법. 중요한 건 자신이 그 고통을 몸소 체험한 척하는 것입니다. 그러나 그렇게 엉터리 흉내를 내느니, 이 작품은 반사소설이라고 선언하고 후기에서 누구의 일기를 자료로 사용했다고 명시해서 당당하게 쓰면 됩니다.

또는 비극적인 변화를 추구한 나머지 일부러 사건을 일으키는 방법도 있습니다. 연인과 동반 자살을 시도했는데 혼자만 살아남은 고통스러움을 구구절절 토로하는 것입니다. 그렇지 않으면 자신의 이름을 영구적으로 남게 하기 위해 실제로 죽는 방법도 있습니다. 그 방법은 젊으면 젊을수록 효과가 있습니다. 그가 남긴 작품이 딱히 훌륭한 것도 아닌데, 어떻게 된 일인지 세상을 떠나는 순간 갑자기 평가가 높아지고 인기가 오르기도 합니다. 예술이란 과연 그 정도의 것일까요.

사소설 작가로 계속 사는 것은 부자연스럽기 짝이 없습니다. 사소설 작가가 소설가로 세상에 인정받기 전의 생활은, 세상의 평범한 사람들과 다름없었거나 그 이하였습니다. 현실 속에서 갈등을 겪어 왔으니, 거기에서 태어난 작품이 걸작인지 아닌지는 차치하고 일단 생생한 현실감은 지니고 있습니다. 그런데 일단 소설가가 되어 원고료와 인세 등으로 생활하게 되면 현실과의 접점이 극단적으로 줄어들어, 슬픔도 분노도 멀어지는 탓에 작품의 소재를 구하기가 힘들어집니다.

비참한 처지를 그대로 써서 비참한 처지에서 성공적으로 벗어났다 칩시다. 거금이 들어오고, 벤츠를 굴리고, 저택을 짓고, 멋들어진 별장을 사고, 고급 클럽에 드나들고, 유명 골프 클럽의 회원이 되는, 그런 졸부 같은 생활에는 사소설의 소재가 될 만한 게 아무것도 없습니다. 설령 그럴싸한 소설을 썼다 해도, 읽는 이는 소설가의 환경이 급격히 변한 것에서 오는 위화감을 민감하게 감지하고 배신당한 기분으로 떠날 겁니다. 강연 같은 자리에서 눈물샘을 자극하는 신상 얘기를 수도 없이 되풀이해 봐야 책 판매로는 이어지지 않습니다.

소설가의 생활은 생활이면서 실은 생활이라 할 수 없는 것입니다. 시시콜콜 쓸 가치가 없는, 시답잖은 나날입니다. 가령 썼다 해도 결국 '이런 걸 잘도 썼군' 하는 한마디로 치부되어 버리는 얄팍한 것입니다. 사소설의 길은 막다른 골목과 통합니다. 그것도 되돌아올 수 없는 길입니다.

사소설이 문학으로 성립할 수 있는 요건은 소설가와 독자 사이의 친근감에 달려 있습니다. 즉, 소설가가 어떤 풍모이며 어떤 성격이고, 지금까지 어떤 인생을 보내 왔는지가 읽는 이의 머리에 들어 있어야 합니다. 그 지식이 올바른지 그른지는 문제가 되지 않습니다. 착각이나 오해여도 전혀 상관없습니다. 뭐가 되었든 독자 쪽에 그 소설가를 알고 있다는 믿음이 있고 없고가 중요합니다.

그리고 독자가 그 소설가를 알면 알수록, 그 작품의 가치 이상으로 높게 평가됩니다. 작품의 내용보다 우선 소설가 자신을 파는 것이 중요합니다. 소설가로서의 생명은 오래 전에 끝났음에도 마냥 소설가로 행세할 수 있는 사소설 작가는 그런 관건에 성공한 자들입니다.

그들의 작품에 몰려드는 독자는 그 작품의 핵심을 거의 이해하지 못합니다. 이해 따위는 운운하고 싶지 않은지도 모르지요. 독자는 자신에게 가장 유리한 이미지를 통해 소설가를 보면 봤지 진정한 소설가의 모습은 보려 하지 않습니다. 핵심을 건드리지 않으려 합니다. 그렇게 읽는 것이 문학이라고 믿어 의심치 않습니다.

소설가도 그 점을 충분히 알고 있기 때문에 독자의 이미지에 맞게 고백하고, 고백을 위한 고백을 줄줄이 늘어놓은 작품을 잇달아 세상에 내놓습니다. 고백거리가 바닥이 나거나 거짓말이 완전히 들통나는 날까지 말이지요.

실제 체험과 실제 자신의 모습을 있는 그대로 드러내는 것에 무슨 가치가 있겠는지요. 그게 뭐 어쨌다는 것일까요. 여기 보통 인간보다 한층 비참하고 고뇌에 찬 나날을 보내는, 가엾고 솔직한 인간이 있다는 것을 세상에 알려 동정을 모으며 자신의 존재를 확인하려는 것일까요. 당신보다 불행한 인간이 여기 있다는 것을 가르쳐서 읽는 이에게 안도감을 주는 정도로 구원의 문학이라 할 수 있는 것일까요.

또 그런 소설에 푹 빠져서 자신보다 형편없는 인간이 있다는 것에 안도하고, 거기에서 어떻게든 살아갈 힘을 얻으려 하는 퇴행적인 인생은 어떤가요. 정말 그래도 되는 것일까요. 과연 평생 자신을 그렇게 속이며 살 수 있을까요.

그런 짓을 죽을 때까지 되풀이하는 인간이 있다는 것은 정말 한심한 일입니다. 그들 같은 인간을 위해 존재하는 문학이 있다면 그것은 내가 지향하는 문학과는 너무도 거리가 멀고, 문학이라 할 수도 없는 불쾌한 글에 지나지 않습니다.

당신의 문학을 창조해 나가십시오. 당신은 사소설 작가가 아닙니다. 당신은 창조의 길로 돌진하는 힘을 갖고 있으니, 자신을 과도하게든 과소하게든 내보일 필요가 전혀 없습니다. 작품 앞에 나서서 이 작품은 무슨 얘기를 하려고 한 것인지 일일이 독자에게 설명할 필요도 없습니다. 작품 그 자체가 모든 것입니다. 당신의 모든 것은 작품 속에만 존재합니다.

자기 작품을 설명하지 마라

그림이나 조각품 같은 예술의 세계에서 자신의 작품 앞에 나서서 고상한 언어로 설명하고 꾸미려 하는 사람이 있는데, 그건 대체 무슨 심리일까요. 무엇을 위한 그림이고 조각인지를 망각한 어리석은 행위입니다. 언어에 의지하고 싶지 않아서, 언어로는 표현할 수 없는 세계를 창조하기 위해서 화가가 되고 조각가가 된 게 아니었나요. 그들의 세계에는 언어 따위는 파고들 여지가 조금도 없어야 하는데 말이지요. 아마 그들은 허풍스럽고 압도적인 언어에 의지할 수밖에 없는, 그 정도 재능밖에 없는 이들이겠지요. 작품을 보는 이 앞에 묵묵히 내놓을 자신이 없으니 불안에 쫓겨, 위대한 작품이라도 되는 양 설명하는 것이겠지요.

소설은 조각이나 회화와 달라서, 언어 말고는 기댈 것이 없습니다. 하나부터 열까지 언어로 표현할 수밖에 없지요. 그 때문에 자기 작품에 보충 설명을 주르륵 늘어놓는 일에 저항감을 느끼지 못하는 소설가들이 아주 많습니다. 또 독자들 역시 그렇게 하는 것에 아무 불쾌함을 느끼지 않습니다.

그러나 사실 언어를 구사하는 예술에서도 그럴 필요는 전혀 없습니다. 하면 웃기는 일입니다. 왜냐하면 충분히 쓰인, 혼이 담긴 작품이라면 굳이 설명하지 않아도 바로 알 수 있기 때문입니다. 작품에 대해서 작가가 이러쿵저러쿵할 말이 아직 남아 있다는 것은 작품이 완성되지 않았다는 증거입니다. 한계까지 도전한 작품이라면 독자가 작품의 의도를 물어도 대답할 이유가 없습니다.

당신은 묵묵히 쓰고, 묵묵히 발표하고, 묵묵히 다음 작품에 임하면 됩니다. 당신이 발표한 작품에 어떤 평가가 내려지는지 신경 쓸 필요가 없습니다. 읽는 이에 따라 인상이 다른 것은 당연한 일. 평가에 휘둘려서는 앞으로 나아갈 수 없습니다.

전에 누가 이런 말을 했습니다.

"오해 아닌 이해는 없다."

참으로 옳은 말입니다. 당신의 작품을 제대로 이해하지 않는다고 해서, 읽는 이들 모두를 상대로 설명하고 다닐 텐가요. 소설은 논문이 아닙니다. 집필에 몰두하다가 작품이 당신 손을 떠나면 바로 잊으십시오. 다시는 떠올리고 싶지 않을 만큼 전력투구하는 겁니다. 그러면 읽는 이의 평가 따위는 별문제가 아니라는 것을 깨닫게 될 겁니다.

그러나 그런 생활을 하고 있다고 해서, 자신의 모든 것이 하나부터 열까지 예술이라는 착각에 빠지면 안 됩니다. 평범하게 생활할 수 없는 인간이라는 생각을 언제든 잊지 마십시오. 일사불란하게 창작에만 몰두하면서, 그런 자신을 냉정하게 바라보십시오. 문학에 빠져 자신을 잃고, 냉철하고 객관적인 시각을 잃으면 끝입니다.

진지하게 쓰면서도 그런 자신을 조롱하는, 문학을 누구보다 경멸하면서도 누구보다 창작에 몰두하는 것이야말로 소설가의 자세입니다. 그러기 위해서는 문학에 관계되는 사람의 접근을 막는 편이 좋습니다. 문학 관계자뿐만 아니라, 다른 예술로 먹고사는 이들과도 교류하지 않는 편이 좋습니다. 과도하게 예술적인 세계에 빠져 있으면 객관적인 시각을 키울 수 없습니다. 오히려 예술에 푹 빠져 있는 상태에 아무런 의문을 품지 못하고, 수치심과 긴장감의 결여와 함께 쓰는 작업의 기반을 잃게 됩니다.

그렇게 되면 현실에 있는 보통 사람들과 다르게 산

다는 것에 둔감해지고, 자신은 지금 이상한 세계에 살고 있다는 자각이 사라져 예술을 위한 예술, 미학을 위한 미학에 아무런 거부감을 느끼지 못하게 됩니다. 그것은 이루 말할 수 없을 정도로 위험하고, 대부분의 소설가가 이 함정에 빠져 자멸의 길을 걷는 것입니다.

당신이 심혈을 기울여 쓴 작품을 읽는 사람들은, 그저 책 읽기를 좋아하는 사람들과는 다소 성격이 다를 겁니다. 좀 별나다는 표현이 적합할지는 잘 모르겠는데 직장에서도 약간은 겉도는 존재이겠지요. 당신만큼 극단적이지는 않아도 그에 가까운 유형의 사람들입니다. 현실의 거친 파도에 휩쓸리며 살아가는 사람들입니다. 그러나 그들은 용기가 없어서가 아니라 이상함이 부족하기 때문에, 또는 사회적 통념이 우위를 점하고 있기 때문에 정상적인 사회에 계속해서 있을 수 있습니다.

그들은 당신의 시선이 그들을 향하고 있는지를 민감하게 감지합니다. 그리고 당신의 눈길이 뜬세상을 보고 있다는 것을 아는 순간, 당장 떠나 버릴 것입니다. 그렇다고 독자의 비위에 맞춰 쓰라는 얘기가 아닙니다. 아무리 이상한 세상에 살더라도 거기에 갇혀 있지 말고 늘 넓은 세상을 향해 시선을 두어야 한다는 말입니다. 그러지 않고는 쓰기 위한 동기인 불똥이 튀지 않습니다.

직장을 떠난다

드디어 펜 한 자루로 먹고살 수 있게 된 당신은 평범한 세계를 떠나게 되었습니다. 그때의 해방된 기분이 얼마나 멋진지, 전에 없는 감동을 느꼈을 테지요. 앞으로의 인생이 고스란히 자신을 위해 있다는 사실을 새삼 깨닫고, 자신도 모르게 외치고 싶을 정도로 기뻤을 겁니다. 그렇습니다. 당신을 구속하는 사람은 이제 아무도 없습니다. 당신이 하는 일에 이러니저러니 잔소리를 하는 사람도 없습니다. 당신의 24시간, 365일은 오직 당신의 것입니다. 이제야 긴 터널을 빠져나온 듯한, 숨이 되살아난 듯한 기분이 들겠지요.

그런 지금, 차분하게 마음을 가라앉히고 생각해 보십시오. 명령에 길들고 숱한 인간관계에 익숙해진 당신이 과연 눈앞에 있는 장밋빛 자유를 어디까지 이해할 수 있을까요. 뭐라 말할 수 없는 해방감에 젖어 있는 기간은 기껏해야 한두 달입니다. 그동안 당신은 급격히 변할 겁니다. 지금까지 상상도 하지 못한 방향으로 멋대로 질주할 겁니다. 긴장이 풀어지고, 하고자 했던 일들이 해도 그만 안 해도 그만인 상태가 되고, 하루가 눈 깜짝할 사이에 지나가고, 기력을 잃고 멍하게 지내는 시간이 많아질 겁니다. 고삐 풀린 말이 결국 어디로도 가지 못하고 울타리 너머에 멍하게 서 있는 모습처럼 말이지요.

그러다가 고독과 불안이 당신을 덮칩니다. 그것은 당신이 예상했던 것의 몇 배나 되는 풍력으로 당신을 휩쓸어 버립니다. '각오는 되어 있다' 하고 지인에게 했던 말이 수치스럽게 느껴지겠지요. 의지할 상대가 없어진 당신은 모든 책임을 스스로 져야 하는, 실로 불안정하고 외로운 처지에 있다는 것을 겨우 깨닫고, 홀로 남겨진 어린아이처럼 두려움에 떨 겁니다.

사람이 그립다 못해 견딜 수 없어지는 지경이 되면 볼일도 없으면서 예전에 다녔던 직장 동료들을 찾아가 정담을 나누겠지요. 그렇지만 당신은 얼마나 고독한 시간을 보냈는지는 한마디도 하지 않고 허세를 부릴 겁니다. 당신이 거머쥔 자유가 얼마나 멋진지를 강조하고, 동료들의 선망의 눈길에서 편안함을 얻으며 스스로 격려할 겁니다.

하지만 그런 일들은 계속할 수 없습니다. 동료들도 한두 번은 당신의 얘기를 듣겠지만, 세 번이고 네 번이고 그 허풍을 듣다 보면 그들은 당신의 가슴속에 있는 불안을 파악할 겁니다. 또, 회사를 그만둔다는 것이, 프리랜서로 산다는 것이 그리 편하지는 않다는 것을 알게 되겠지요. 오히려 당신의 용기에 감화되어 비슷한 인생을 염두에 두었던 사람들이 포기할지도 모릅니다. 당신이 성공했든 실패했든, 그들은 당신을 그리 오래 보고 싶어 하지 않을 겁니다. 당신을 만날 때마다 자신의 처지를 살펴야 하니까요.

　마침내 당신은 그들이 오래 사귈 수 있는 지인이 아니라는 사실을 깨닫고는 그 허전함과 외로움을 메우고 싶은 마음에 당신과 같은 처지에서 예술가의 길을 걷고 있는 사람들과 어울리게 됩니다. 그들이 어느 정도 수준의 사람인지 확인도 하지 않은 채 닮고 닮은 자유인 쪽으로 다가가는 것이지요. 당신을 크게 반기는 새로운 동료들을 보고 이상적인 교우 관계라고 생각할지 모르겠으나, 당신은 그들 사이에서 소설가에게 필요한 모든 것을 잃게 될 겁니다. 높은 산봉우리를 오르려 했던 굳은 의지도 다 사라질 겁니다. 절차탁마는 사람들과의 교류에서 생겨나는 것이 아닙니다. 당신은 사람이 아니라 작품과 교류하십시오.

4장

펜 한 자루로 살아간다는 것

소설가에게 작품이란

한 번 집단을 떠났으면 두 번 다시 돌아보아서는 안 됩니다. 원래 있던 세계에 미련을 두어서도 안 됩니다. 이도 저도 아닌 어중간한 자세로는 모든 것을 잃습니다. 하루빨리 당신이 어떤 세계로 뛰어들었는지 깨달으십시오. 그리고 소설가로서의 본래 모습을 되찾아야 합니다. 혼자서도 평온하게 살아갈 수 있는 당신이 되라는 뜻입니다. 종일 아무와도 만나지 않고, 몇 개월 동안 말을 하지 않아도 고통스럽지 않은 인간이 되라는 말입니다. 그 지점을 거치지 않으면 아무것도 볼 수 없습니다.

이렇게 말하면, 문학을 은신처 삼아 적당히 인생을 살아가려는 자들은 '오기에 찬 정신주의'로 치부하고 비웃는데, 당신은 그런 말 따위에는 조금도 신경 쓰지 않아도 됩니다. 왜냐하면 그들은 엄격한 생활에서 태어난 작품에 대항할 만한 작품을 쓰지 못하기 때문입니다. 발표해 봐야 그들의 느슨한 생활에서 태어난 것은 조잡하고 대충 써 갈긴 작품뿐입니다.

그들은 소설가로서 문인으로서 무게를 잡느라 여념이 없고, 그런 하잘것없는 일에 아등바등하면서 평생을 보낼 뿐입니다.

문제는 어디까지나 작품입니다. 소설가에게 유일한 답은 오직 소설 그 자체입니다. 작품이 아닌 일로 얼마나 강한 인상을 남기든, 그것이 작품의 부족함을 보완하는 일은 절대 없습니다. 설령 있다 해도, 그것은 안목이 없는 탓에 본질에 다가서지 못하는 읽는 이들이 만들어 낸 거짓 환영에 지나지 않습니다.

소설가가 자신의 존재를 증명할 수 있는 것은 작품뿐입니다. 그 외에는 무엇에도 현혹되지 말아야 합니다. 기행에 문학의 열쇠가 숨겨져 있다고 믿거나, 또 믿는 사람들이 많다는 사실에 압도되어 당신 자신을 잃지 않도록 하십시오. 소설에 집중하고 몰두하는 것 자체가 최고의 기행이니, 그 이상 쓸데없는 짓을 하지 마십시오.

소설가에게 작품이 아닌 것을 기대하는 독자가 많습니다. 그들은 문학의 팬이 아닙니다. 그들이 가슴 설레며 원하는 것은 문학이란 형태를 취한 다른 무엇입니다. 그런 것들을 원하는 독자들은, 문학이 아니라도 탐닉할 수 있는 장르가 급증한 탓에, 좀 더 편하고 좀 더 생생한 세계로 분산되었습니다. 그들은 문학이 질려서 떠난 것이 아닙니다. 그들에게 문학이란 어차피 그 정도 놀잇감에 지나지 않았던 것입니다.

그런 독자가 떠나갔다고 해서 문학이 쇠퇴했다고 단

언해서는 안 됩니다. 물론 문학의 질은 떨어질 데까지 떨어졌습니다. 우리나라 문학은 애당초 그리 높은 곳에서 출발하지도 않았으면서 그 후로는 추락의 길을 걷고 있는 참담한 상황입니다. 바닥까지 떨어지고 나서야 정신을 차릴 절호의 기회를 얻은 셈입니다.

해변에서 모래 놀이를 하던 시대는 막을 내렸습니다. 이제부터 진정한 문학이 시작될 겁니다. 그런데 출판사를 비롯해 문학 관계자들이 현실을 얼마나 자각하고 인식하고 있는지는 무척 의문입니다. 편집자는 그 수가 확 줄어든 인기 작가의 생일을 축하하기 위해 달려가는 것이 일의 전부라는 착각에 아직도 사로잡혀 있습니다.

다가오는 자들

당신이 사람을 피하며 생활한다 해도, 당신의 이름이 어느 정도 세상에 알려진 탓에 다가오는 사람이 있을 것입니다. 소설가로서 당신의 마음은 늘 밖을 향해 열려 있어야 하지만, 그렇다고 다가오는 사람 모두를 받아들여서는 안됩니다. 당신이 기대하는 만큼 마음을 열고 대화할 수 있는 사람은 많지 않습니다. 평생 한두 사람 있으면 그나마 나은 편이고 보통은 그마저도 없는 경우가 많습니다.

당신의 이름에 끌려 다가오는 사람은 대개 당신이 추구하는 인물형과는 아주 다릅니다. 예술가들을 특히 조심하십시오. 진정한 예술가라면 절대 무리 지으려 하지 않습니다. 당신의 작품에 주목할지 몰라도, 당신에게 접근하려고 시도하는 일은 없을 겁니다.

친구, 지인으로 교류하는 사람은 충분한 주의가 필요합니다. 무슨 일을 해서 먹고사는지 알 수 없는 상대는 피해야 합니다. 그들은 직장인보다 독특할지는 몰라도 절대 그 이상은 아닙니다. 말주변이 좋고 재주도 많고 감각도 있으며 어느 정도 재치도 있습니다. 그러나 그들은 본성이 게으른 사람들입니다. 집중력도 지구력도 없는, 바람처럼 떠도는 백수에 지나지 않습니다.

하는 일이 분명하고 거기에 몰두하는 사람은 교제할 가치가 있습니다. 그들에게는 배울 점도 많겠지요. 그러나 그런 사람들이 오히려 소설가 따위의 허풍쟁이와는 교류하고 싶어 하지 않을지도 모르겠습니다. 가령 연이 닿아 교류하는 사람이 생겨도, 마음이 맞아 서로 오가는 일이 있다 해도 분명하게 선을 그어야 합니다. 그렇지 않으면 알게 모르게 의존심이 생겨, 그 의존심이 조금씩 소설에 반영된 나머지 재능을 충분히 발휘하지 못하는 지경에 이르고 맙니다.

몇 번이고 말하는데, 작심하고 창작의 길로 나아가려는 자는 최대한 혼자여야 합니다. 성격에 맞고, 정의의 집단이라도, 거기에 접근하거나 참가해서는 안 됩니다. 관찰이 필요할 때만 접근하십시오. 집단에 매몰되고 싶어 하는 인간의 심리를 알기 위해서, 그 집단의 진짜 목적을 파악하기 위해서 접근하는 것이라면 얘기는 다릅니다만, 그런 목적이 아니라면 창작하는 사람으로서의 생명이 끝난 다음에나 해야 할 것입니다.

문학은 언제부터인가 원시적인 힘을 잃었습니다. 그리고 어떤 작품이든 가볍게 시작해서 가볍게 끝나고, 그다음에는 기껏해야 배경 음악 정도의 여운밖에 남기지 않게 되었습니다. 등골이 푸르르 떨릴 만큼 압도적인 감동을 낳을 수 없게 되었습니다.

영혼을 들여다보는 예술

영혼이라는 말은 너무도 추상적이고 애매한 표현이지만, 달리 적당한 말이 떠오르지 않으니 그렇게 부르겠습니다. 예술이란 요컨대 이 영혼의 문제를 얘기하는 것입니다. 영혼은 오감보다 의식보다, 본능에 좌우되는 심층 심리보다 훨씬 깊은 곳에 숨어 있습니다. 그러나 너무 깊은 곳에 숨어 있는 탓에, 원한다고 언제든 들여다볼 수 있는 것은 아닙니다. 욕망이 채워진 행복감에 젖어 있을 때나 불편하지 않은 생활을 계속할 수 있을 때, 만사가 원하는 대로 진행될 때, 또는 인생을 완전히 포기하고 돌아섰을 때는 영혼에 다가갈 수 없습니다. 어떤 장기가 병이 들어서야 그 장기가 있다는 것을 알 수 있듯이, 불행이나 비극에 처했을 때 우리는 영혼을 들여다볼 수 있습니다.

그런데 고독에 찬 나날을 보내다 보면 비극이나 불행 없이도 아주 냉철하게 그것을 볼 수 있습니다. 불행이나 비극에 처해 있을 때와는 다르게 말이지요. 이렇게 말하면 불교적인 냄새가 나서 꺼림칙하지만 사실입니다. 시도해 보면 금방 알 수 있습니다. 깨달음의 경지와는 거리가 상당히 멀지만 일상에서는 느낄 수 없는 무언가를, 꿈이나 환영보다 훨씬 생생하게 느낄 수 있습니다.

물론 진지하게 창작의 길을 걷는 게 아니면 매일 같이 영혼을 들여다볼 필요가 없습니다. 매일 영혼과 대치한다는 것은 무척 위험한 행위입니다. 바닥을 알 수 없는 심연을 향해 한없이 내려가는 것과 유사하기 때문이지요. 심연을 들여다보는 정도에 그친다면 몰라도, 그 심연을 향해 내려가는 것은 훨씬 더 위험합니다. 그저 매력적이라는 이유로 각오를 다지지 않고 시도하다가 자살로 인생을 마감할 수도 있습니다.

지금까지 수많은 예술가가 스스로 목숨을 끊은 것은 그 각오와 강인한 정신이 없었기 때문입니다. 보통 사람들보다 예민한 감각을 믿고 함부로 그 영역에 들어섰기 때문입니다.

당신이 그 심연의 존재를 알고 그 가치를 발견했다면, 내려가기 전에 나름의 각오를 다지고 굳건한 자세로 임하도록 하십시오. 그저 그쪽에서 이끄는 대로 내려가는 것은 평범한 사람도 가능합니다. 자살이라는 결론에 이르는 것은 누구든 할 수 있는 일입니다.

또 그 심연을 끝없이 내려가기만 하는 것은 창작하는 사람이 아니라 수도승들이 하는 것임을 알아 두십시오. 당신은 어디까지나 소설가입니다. 거기에서 느낀 것을 언어로 표현해서 작품으로 완성해야 하는 사람입니다. 그러자면 한없이 내려가기만 해서는 안 되고, 다시 원래 위치까지 올라올 줄도 알아야 합니다. 일반인의 통상적인 사고 수준까지 돌아오지 않고는 작품은 완성되지 않습니다.

그리고 한 번으로는 부족합니다. 내려갔다가 다시

올라오고 또다시 내려가기를 몇 번 거듭하면서 인간의 본질과 그 존재 의의를 두 눈으로 똑바로 응시한 후에, 작품을 완성하십시오. 그렇게 하려면 상당한 의지를 가지고 살아야 합니다. 새로운 것과 흥미로운 일에 충동적으로 뛰어들어 그날그날을 들떠서 보내는 소설가는 할 수 없는 일이지요.

정신의 피로를 간과해서는 안 된다

누구나 육체의 피로에 대해서는 쉽게 이해하면서, 정신의 피로는 제대로 파악하지 못합니다. 머리는 얼마나 사용하든 지치지 않을 것이라고 생각하는 사람도 있을지 모르겠군요. 그런데 두뇌 역시 육체의 일부입니다. 또 몸에서 가장 에너지를 많이 소모하는 부위가 뇌입니다. 그러니 사용하면 사용하는 만큼 피로가 쌓입니다. 뇌의 피로는 근육의 피로만큼 명확하게 자각되지 않습니다. 실제로는 상당히 지쳐 있는데, 좀 더 쓰자고 하면 쓸 수도 있습니다. 피로를 자각했을 때는 이미 때가 늦었을 경우도 있으니, 아무쪼록 주의하기 바랍니다.

하루에 세 시간 이상 쓰는 것은 물론 불가능하지 않

습니다. 열 시간이든 열다섯 시간이든, 질만 따지지 않는다면 얼마든지 쓸 수 있습니다. 그러나 그런 생활을 매일 계속하면 어느 날 갑자기 현기증이 나고 구토가 올라오면서 쓰러지고 맙니다. 의사가 아니니 그다음에 어떻게 될지는 잘 모르겠으나, 그런 일이 몇 번 반복되면 죽을 수도 있습니다. 내 경험상 그런 생각이 듭니다.

두뇌를 사용하는 데서 오는 피로 ─ 혹은 스트레스 ─ 를 해소하려면, 우선 장시간의 집필을 피해야 합니다. 남은 시간은 다른 일에 사용하는 겁니다. 집필이라는 정적인 긴장이 아니라 그와 반대되는 동적인 긴장에 몸을 사용하십시오. 몸을 움직이면서 스트레스를 방출하는 것이지요. 이 방법이 가장 무리가 없고 효과적입니다.

예술가의 고뇌 따위는 어쩌면 땀을 쭉 흘리고 나면 사라지는 정도의 것인지도 모릅니다. 육체를 방치하고서 소설의 주제로 고뇌를 위한 고뇌를 대대적으로 다루는 것은 정말 우스꽝스러운 일이 아닐 수 없습니다.

땀으로 씻어낸 다음에 남는 것, 땀으로는 씻어낼 수 없는 것, 그런 것들이야말로 쓸 가치 있는 주제입니다. 아무 가치 없는 흐리멍덩한 정신을 걷어내고 혼란을 정리하기 위해서는 우선 육체를 최대한 명징한 상태로 유지하는 것이 중요합니다. 치아 하나, 손톱 하나까지 명징하게 유지하십시오. 그렇게 했는데도 당신이 진정한 소설가라면, 건강하지 못하고 때로는 불건전하기까지 하며 세상에 해로운 요소를 뿌릴 수도 있는 인간일 것입니다. 창작하는 인간은 그런 생물입니다. 육체의 건강을 유지하는 행위는 건강하지 못한 정신의 영역으로 과감하게 들어서기 위한, 그 깊은 곳으로 헤치고 들어가도 자살하지 않기 위한 훈련이라고 할 수 있습니다. 좋은 예는 아니나 이는 전쟁터로 향하는 병사의 훈련과 공통점이 있습니다.

체력 관리도 중요하다

정신력도 그렇지만, 체력도 허술히 해서는 안 됩니다. 물론 스포츠 선수 같은 체력은 필요치 않습니다. 그러나 인간도 동물인 이상 정신에만 의지해서 살 수는 없습니다. 육체가 주어져 이 세상에 사는 한, 정신 문제를 정신으로만 해결하려고 하는 것은 잘못된 생각입니다. 또 인간의 모든 것을 알고 싶어 하는 소설가로서 정신에만 시선을 향하는 것도 인간의 절반만을 보는 셈이 됩니다. 정신세계에 빠져 육체를 등한시한 탓에 생명력을 잃고, 있는 힘을 다해 노력했음에도 졸작으로 끝난 작품이 많이 있습니다.

직장인의 경우에는 체력을 단련하기보다 휴식을 많이 취해야 합니다. 늦게까지 야근하고 지칠 대로 지쳐서 집에 돌아온 후에 하는 운동은 의미가 없을 뿐더러 자칫 수명을 단축하는 결과를 빚을 수도 있습니다. 젊을 때는 몰라도, 중장년층은 그러지 않는 편이 좋습니다. 책상 앞에서 하는 일이라지만, 출퇴근까지 고려하면 소비되는 에너지가 상당합니다. 그들은 운동을 하는 것보다 담배와 술을 줄이는 편이 건강에 좋습니다.

그러나 거의 집 밖으로 나가지 않아도 되는 소설가는 반드시 운동을 해야 합니다. 소설가에게 운동은 식사만큼이나 중요합니다. 과거에 너무 먹고 마시다 살이 심하게 쪄서 죽은 소설가, 운동 부족으로 죽은 소설가가 몇 명 있었습니다. 마흔다섯이라는 젊은 나이에 허망하게 죽어 버린 그는 술은 거의 입에도 대지 않았다는데, 훗날 지인에게 들으니 운동다운 운동을 전혀 하지 않았다고 합니다. 산책도 하지 않은 탓에 체력이 심하게 약해진 것이지요. 보다 못한 그의 지인이 운동하자며 밖으로 끌어냈지만, 걷기만 해도 숨을 헐떡이는 지경이어서 이미 때가 늦은 상태였다고 합니다.

그리고 얼마 후 그는 쓰러져 다시는 돌아오지 못하

는 사람이 되었습니다. 유능한 소설가였습니다. 최소한 아침저녁으로 산책만 했더라도 매력적인 작품을 더 많이 남겼을 겁니다.

그러나 그 외에 요절한 작가들에 대해서는 죽었다는 소식을 들어도 별 안타까움이 없었습니다. 그 이상 살아 봐야 아무런 작품도 쓸 수 없는 소설가들이었으니까요. 작품의 질보다는 요절했다는 이유로 이름이 오래 남을지도 모르겠군, 하는 정도가 솔직한 심정이었습니다. 물론 나는 이름을 남기기 위해 계속 쓰고 있는 것이 아닙니다만……

누구의 명령도, 누구의 간섭이나 잔소리도 없이 자유롭게 할 수 있는 이 일에서 가장 중요한 것은 체력 관리입니다. 귀찮아해서는 안 됩니다. 당신이 고작 운동 부족으로 쓰러졌다고 해서 당신을 대신해 일해 주거나 생계를 도와줄 사람은 없습니다. 그리고 곤경에 처하는 것은 출판사가 아니라 바로 당신입니다. "운동이 다 뭐야. 웃기고 있네" 하고 대범하게 웃어넘길 수 있는 사람은 직장인이지, 자유업에 종사하는 당신이 아닙니다. 자유로운 것과 자기 관리를 하지 않는 것은 다른 얘기입니다. 그 점을 분명히 인식하기 바랍니다.

자유업은 혹독한 것입니다. 육체의 성능에 늘 이상이 없어야 합니다. 개중에는 일부러 병을 앓고 싶어 하는 자학적인 소설가도 있지만, 그들을 따라해서는 안 됩니다. 그들의 목적은 문학 그 자체가 아니라 하루빨리 죽는 것에 있으니까요.

몇 십 년에 걸쳐 당신이 이상으로 삼는 작품을 쓰고 싶다면, 정말 그러기 원하는 소설가라면, 체력 관리를 소홀히 해서는 안 됩니다. 섭생을 제대로 하지 않아 요절하는 것은 높은 곳을 지향하는 창작자에게 명예로운 일이 아닙니다. 만약 소설가에게 그런 최후를 기대하는 독자가 있다면, 그들은 문학 따위는 어떻든 상관없다고 생각하면서도 문학 밖에서는 안심하고 살 수 없는, 어중간하게 왜곡된 사람들입니다.

뇌세포를 죽이는 술과 마약

영혼과 마음, 그리고 정신까지 깃들어 있는 뇌야말로 창작하는 사람들 최대의 무기이며 근거지입니다. 따라서 보통 사람들보다 한층 소중하게 다뤄야 합니다. 뇌에 악영향을 끼치는 것은 비단 운동 부족만이 아닙니다. 마약이나 알코올은 몇 배나 좋지 않습니다. 마약과 알코올은 운동보다 손쉽고 효과적인 스트레스 해소법일 수 있으나, 뇌를 죽이는 것과 다름없는 결과를 낳습니다.

태평양 전쟁이 끝난 후의 소설가들은 필로폰 같은 각성제에 손을 대거나 술독에 빠져 자기애적이고 독선적인 소설을 마구 써 댔는데, 그 완성도는 역시 높지 않습니다. 유치한 미학, 흔해 빠진 염세주의, 드높이 내세운 정의가 문장에 구질구질하게 담겨 있는 작품이 많이 눈에 띕니다.

창작하는 사람이 알코올이나 마약에 의존하는 심정은 이해합니다. 불안하겠지요. 홀로 영혼의 심연을 들여다보고 그 바닥없는 깊은 구멍으로 내려가야 하니까요. 어느날 문득 정신을 차렸을 때면 자신도 모르게 몸이 푸르르 떨릴 만큼 공포에 차 있을 겁니다. 이해는 하지만 어떻게든 술과 마약을 끊어야 합니다.

도덕적인 차원에서 말하는 것이 아닙니다. 약물이나 술은 뇌세포를 죽입니다. 한 번 죽은 뇌세포는 재생되지 않는다고 합니다. 그런 것들에 손을 대지 않더라도 뇌세포는 매일 줄어드는데, 하물며 약물이나 술을 열심히 몸에 들어붓는 사람의 뇌세포는 어떻겠는지요. 말 안 해도 뻔합니다.

그런데도 지금까지 문학과 술은 떼려야 뗄 수 없는 관계다, 하고 큰소리를 치면서 계속 마셔 대는 소설가가 있습니다. 술고래들이 과연 어떤 말로를 걸었는지,

또 어떤 수준의 작품을 남겼는지 한 번 냉정하게 살펴보십시오. 개인적인 감정을 제외하고 말입니다. 그들은 과연 재능을 충분히 활용한 후에 죽었을까요. 술을 그렇게 마시지 않고는 작품을 쓸 수 없었을까요. 정말 그들의 재능이 고갈된 것일까요.

술에 매달리지 않고는 살 수 없을 만큼 예민한 창작자는 나름의 작품을 남길 수 있습니다. 그러나 그 수준을 넘어서는 작품은 절대 낳을 수 없습니다. 술만 마시지 않았더라면 가진 능력과 재능을 십이분 발휘해서 훨씬 더 훌륭한 작품을 남기지 않았을까요. 술은 직장인들이 마시는 겁니다. 타인에게 고용되어 밤낮 없이 일하고, 대인관계의 진흙탕에 빠져 허우적거리며 인생의 열쇠를 자신이 쥐고 있지 못하는 사람들에게는 그야말로 생명의 물일 수 있습니다. 그러나 진정한 자유를 구가하면서 아무도 알지 못하는 창조의 길을 돌진하려는 이에게는 청산가리와 다를 바가 없습니다.

술에 의지한 예술은 이제 한계에 도달했습니다. 앞으로의 예술은 자신의 재능만을 근거로 과감하면서도 끈질기게 전력을 투구해서 도전하는 이들이 개척해 나갈 것입니다.

뇌는 굶주려 있을 때 가장 빛난다

소설가는 식사에도 신경을 써야 합니다. 소설가는 신경을 좀먹는 일을 하는 탓에 안 그래도 위를 상하기 쉽습니다. 책상 앞에 구부린 자세로 장시간 머리를 쥐어짜고 있으니, 위가 당해낼 재간이 없지요. 그것도 약간의 운동과 기분전환으로 나을 만큼 간단한 손상이 아닙니다. 식사가 중요한 문제인 것은 다른 직종도 마찬가지지만, 소설가에게는 목숨을 잃을 수도 있는 중대한 문제입니다.

뭘 어떻게 먹어야 최선일까, 하는 점을 숙고하십시오. 그런 것까지 일일이 고민해서야 먹는 즐거움이 없지 않느냐, 사는 보람이 없다, 하는 사람도 적지 않겠지요. 그러나 정신과 영혼의 세계로 발을 들여놓고, 또 헤치고 나아가야 하는 창작자가 먹는 것이 낙이며 생의 보람이라고 하는 게 과연 옳은 발언일지 의심스럽습니다.

과거에 본능을 충실하게 따른 예술이 있었습니다. 당시 사람들은 도덕과 불문율 등의 갖가지 규약에 갇혀 살았기 때문에, 그런 예술가들의 삶이 자유로 가는 입구로 보였을 수도 있겠지요.

그러나 누구나 그렇게 살 수 있는 시대가 찾아와 마

음껏 먹고 마실 수 있는 데다 심지어 맛있는 것을 찾아 다니며 먹는 식도락가들이 늘어나자, 그 앞에 도사리고 있는 것이 얘깃거리도 안 되는 파멸에 불과하다는 것을 깨닫게 되었습니다. 온갖 스트레스로 약해졌는데, 그 스트레스를 손쉽게 해소하려는 인간의 무지함이 또 엄청난 양의 음식을 밀어 넣으니 위는 견딜 수가 없어졌습니다.

위궤양으로 피를 토하고 병원에 입원하는 예가 흔합니다. 때로는 비만 때문에 목숨을 잃는 사람도 있습니다. 죽지는 않아도 비만은 집중력과 지구력을 빼앗아가고 머리 회전을 둔화시킵니다.

일을 시작하기 전에는 최대한 열량이 높고 잘 소화되는 음식을 조금 먹도록 합니다. 꿀, 최고 품질의 버터, 빵, 요구르트, 채소 주스, 반숙 달걀 등의 음식이 좋은데, 특히 당분을 많이 섭취하는 것이 좋습니다. 당분과 지방은 뇌를 활발하게 합니다. 그리고 일이 끝난 후에는 점심을 먹으면서 하루에 필요한 열량과 영양을 충분히 섭취합니다. 역시 위에 부담이 가지 않는 음식을 먹도록 하십시오.

식사는 하루에 네 번이나 다섯 번 나눠 먹는 편이 좋다는 사람도 있지만, 내 생각은 다릅니다. 내 경험상 소설가는 하루에 두 번 먹는 것이 가장 좋습니다. 일하기 전에 한 번, 일이 끝난 후에 한 번 말이지요. 밤에는 수분을 섭취하는 정도에 그치는 것이 좋습니다. 공복을 느끼느냐 느끼지 못하느냐는 습관의 문제입니다. 정오가 지난 후부터 다음 날 아침까지 아무것도 먹지 않는 셈인데, 이렇게 두 끼를 먹는 방법은 위에도 좋을 뿐만 아니라 머리에도 좋습니다. 뭘 그렇게까지 할 필요가 있느냐고 할 수도 있겠지만, 당신은 소설가로서 능력의 한계에 도전하고 싶어 하지 않았나요. 이 정도 일로 엄살을 떨어서는 앞으로 나아갈 수 없습니다.

'헝그리 정신'이라는 말이 있습니다. 공복이 계속되면 신경이 날카로워지고 일시적으로 사고력이 저하됩니다. 그러나 그때가 지나면 몸속에서 잠자고 있던 어마어마한 힘이 들끓어 오릅니다. 감각이 예민해지고, 감정이 풍부해지며, 보이지 않던 것도 보이고, 산다는 것이 무엇인지를 알게 됩니다. 그리고 새로운 것을 만들어 내고 싶은 창작욕이 넘칩니다.

경제적인 혼란, 전쟁이나 천재지변으로 인한 혼란 등의 원인으로 본의 아니게 굶주림을 체험한 사람들이 그 시기를 무사히 넘긴 저력은 굉장한 것입니다. 지금은 평범한 사람에 불과하지만, 그 당시의 그들은 그야말로 살아 있었습니다. 적은 양의 식사가 그들을 빛나게 했던 것이지요. 야생의 동식물이 아름다워 보이는 것은 그들이 굶주려 있기 때문입니다. 가난한 나라에 사는 아이들의 눈동자가 반짝이는 것은, 굶어 죽지 않기 위해 가진 능력 이상을 발휘하려 하기 때문입니다.

열 시간이 넘는 절식은 당신의 뇌를 강하게 자극하고, 생명력을 발휘하게 하며, 마음껏 먹고 마실 수 있었던 시절의 당신이 거의 살아 있지 않았다는 사실을 깨우치게 할 겁니다. 충격을 받은 뇌는, 이게 정말 나일까 하고 의심스러울 정도로 잘 움직여 줄 겁니다.

그렇습니다. 당신의 뇌는 안정된 날들을 보내며 게으를 대로 게을러졌습니다. 당신은 본능적으로 쾌락을 쫓는 동물과 별다르지 않은 방식으로 뇌를 사용했을 뿐입니다.

뇌를 우습게 봐서는 안 됩니다. 뇌는 굶주려 있을 때 가장 활발하게 움직입니다. 그렇다고 지나치게 굶주려 있으면 작동을 멈추고 말겠지요. 그 균형을 잡기가 어렵습니다. 그러나 하루에 두 번 식사하면 영양 면에서도 충분하고 뇌에도 적당한 자극을 줄 겁니다.

이런 나의 생각에 반발심이 든다면, 당신 자신에게 물어보십시오. 그렇게까지 하면서도 소설가가 되고 싶은지. 그렇지 않다는 답이 나오면, 원래 하던 일로 돌아가십시오. 온 힘을 다해 일하지 않고 빈둥거리던 생활로 돌아가면 마음이 편안해질지를 자문해 보십시오.

자신을 엄격하게 통제하라

혹시 당신은 당신에게만 유리한 생각을 하고 있지 않나요. 직장인의 안정과 예술가의 자유를 다 원하는 것은 아닌지요.

그러나 앞으로의 직장인은 절대 편안할 수 없습니다. 또 앞으로의 소설가 역시 자신을 엄격하게 통제하는 길밖에 남아 있지 않습니다. 어느 길을 선택하든 콧노래를 흥얼거리며 나아갈 수는 없습니다. 전력을 다해 맞서면서 살 수밖에 없습니다. 그러니 이왕 하는 거, 재능을 살리는 길로 나아가는 것이 재미있지 않을까요.

전에 내가 존경하는 등산가가 있었습니다. 만나본 적은 없지만 나는 그가 그야말로 진정한 등산가라고 믿고 있었습니다. 그는 결국 조난을 당해 생을 마감했습니다. 그러나 그는 죽기 바로 직전까지 보통 사람들과는 아주 다른, 등산가이기에 가능한 육체를 유지하고 있었습니다. 당연한 일이지만, 그 당연함을 유지하는 것은 아주 어려운 일입니다.

한편 그와는 정반대 유형의 모험가가 있었습니다. 모험을 시작할 처음 당시, 그는 순수한 마음으로 모험을 했겠지요. 그러다 성품이 좋다는 이유로 알게 모르게 인기를 모으자 언론의 관심이 잇따랐고, 후원자도 많이 생겨 몇 번이나 새로운 모험에 나설 수 있게 되었습니다. 그러나 그 모험이 화려하면 화려할수록 그의 육체는 모험가의 육체에서 벗어났습니다.

추운 지역에서 지내려면 피하지방이 많아야 안전하다는 그럴싸한 이론도 있지만, 그렇게 살을 찌우는 것과는 좀 다른 느낌이었습니다. 그저 술을 많이 마셔 살이 찐 것으로 보였습니다. 게다가 광채를 잃은 눈에는 일 때문에 하는 모험, 장사꾼들의 술수에 걸려들어 억지로 하는 모험이라는 말이 똑똑히 쓰어 있었습니다. 그 역시 조난으로 목숨을 잃었는데, 그 직전의 모습이 TV에서 방영되었습니다. 무거운 짐을 지고 메고 홀로 외국의 유명한 산을 오르는 그는 불과 몇 십 미터밖에 이동하지 않았는데도 숨을 헐떡이고 있었습니다. 그 모습을 본 나는, 그가 노련한 베테랑이고 지금 오르는 산이 그에게는 별문제가 아닌 산이라도 불길한 예감이 들었습니다. 얼마 안 가 그 불길한 예감이 적중하였는데, 돈과 명성 때문에 죽어가는 과정을 내 눈으로 똑똑히 본 기분이었습니다.

이 일화는 소설가에게도 교훈을 줍니다. 소설가 역시 돈과 명성으로 자신을 잃을 수도 있습니다. 등산가는 자신이 오르고 싶어 산에 오르고, 소설가는 자신이 쓰고 싶어 소설을 씁니다. 그것은 철칙입니다. 돈에 낚이거나 명성에 휘둘리려 움직이면 스스로 무덤을 파는 꼴이 됩니다.

당신 주위에는 이런 사고와 반대되는 말을 하는 이가 아주 많을 것입니다. 그들의 말에 좌지우지되어서는 안 됩니다. 당신이 늘 유념해야 할 것은 어디까지나 자신의 페이스를 지키며 소설에 몰두하는 일입니다. 매력적인 삶이라 여겨지지 않는 때가 있어도, 그 길에서 벗어나면 절대 안 됩니다. 벗어나면 그때부터 추락이 시작됩니다.

이 일에는 긴 시간이 필요합니다. 그러기 위해서는 오래 살아야 합니다. 당신은 주변의 관계자들이 이미 완성된 소설가라느니, 대가의 경지에 이르렀다느니, 100년에 한 번 나올까 말까 한 천재 작가라느니 떠드는 말에 개의치 말아야 합니다. 그런 말들은 타자와 비교한 데서 오는 평가에 불과하니, 오로지 당신의 길을 나아가십시오.

당신은 아직 문학의 입구에 서 있을 뿐입니다. 앞으로 당신의 뇌에서 어떤 작품이 튀어나올지는 아무도 예측할 수 없습니다. 물론 당신 자신도 예상할 수 없겠지요. 5년, 10년 후에는 지금 한계라고 믿는 선을 훌쩍 뛰어넘는 작품이 태어날지도 모릅니다. 그러기 위해 건강을 지키라는 겁니다.

내려놓을 때가 있고 달려들 때가 있다

사람의 몸은 소설을 쓰도록 만들어지지 않았다는 말을 종종 듣는데, 옳은 말이라고 생각합니다. 글을 쓴다는 것은 몸에 무리가 가는 행위입니다. 가장 인간적인 행위이면서 동시에 가장 반인간적인 행위이지요. 집필은 생명의 불에 찬물을 끼얹는 일인지도 모르겠습니다. 그 물이 때로 기름으로 변하기도 하고, 그렇게 해서 타오르는 불길로 살아 있다는 증거를 확보하기도 하지만 그 횟수는 결코 많지 않습니다. 대개는 기름이 아니라 물에서 그칩니다. 물을 다루는 자가 추위에 강한 정신을 가져야 하는 것은 그 때문입니다.

기계는 한 번 완성되면 성능을 뛰어넘는 일이 없지만, 육체와 정신은 그럴 수 있습니다. 갈고닦으면 닦을수록, 단련하면 할수록 성능이 좋아지도록 만들어졌습니다. 아무것도 하지 않으면 성능이 점점 떨어집니다. 육체를 무시하고 정신만 갈고닦는 것도 말로는 납득이 가지만, 실제로는 실행할 수 없습니다. 지칠 대로 지친 몸에서 튀어나온 언어는 언뜻 날카로워 보이지만, 따끔따끔하게 찌르는 일은 있어도 바늘처럼 쉬 부러집니다.

하지만 소설가가 된 후로 얼마간 시간이 지나야 정신만 갈고닦아서는 안 된다는 것을 깨닫게 됩니다. 몇 년이 지나면 이론이 아니라 몸으로 알게 됩니다. 육체가 있어 정신도 있다는 것을 알게 되면, 당신의 작품은 점차 질이 높은 곳을 향할 겁니다. 그러나 쓰는 일이 재미있어졌다고 해서 필요 이상 과도하게 시간을 끄는 것은 금물입니다. 지나친 것은 아주 위험합니다.

일반적으로는 조금 더 쓰고 싶다 하는 시점에 그만두는 것이 선배들의 경험에서 나온 교훈입니다. 그리고 이는 진실이기도 합니다. 조금 더 쓰고 싶다, 조금 더 쓸 수 있을 것 같다는 생각에 계속해서 쓰면 결국 이제 더는 쓰고 싶지 않다, 이제 못 쓰겠다 하는 시점에 펜을 내려놓게 됩니다. 그러면 자신감을 잃고 스트레스를 받아 다음 날 집필에 지장을 줍니다. 그리고 그런 현상이 계속되면 작품의 질이 떨어질 뿐만 아니라 건강도 해칠 수 있습니다. 매일 여유를 남겨 두고, 자신감이 고조되었을 때 펜을 내려놓으십시오.

그러기 위해서는 의뢰가 들어오는 족족 일을 맡아서는 안 됩니다. 하루에 고작 두세 시간 집필하고 나머지 시간에는 빈둥거리는 생활에 익숙해지는 것도 힘든 노릇이겠지만, 소설을 쓰기 위해서는 그래야 한다는 생각으로 노력하십시오. 느긋한 마음으로 펜을 쥐고 있지 않은 시간의 소중함을 곱씹으며 작품은 그런 생활에서 생겨난다는 것을 분명히 자각하기 바랍니다.

그러나 그런 생활 속에서도 때로는 앞뒤 가리지 않고 미친 듯이 일에 매진하는 무모한 방법이 필요한 경우도 있습니다. 특히 마지막 쐐기를 박는 단계에서 필요합니다.

나는 당신에게 몇 번이나 원고를 다시 쓰면서 수정할 것을 권했는데, 이 방법의 유일한 결점은 고쳐 쓰는 횟수를 믿고 거기에 안주하는 것입니다. 반복하는 것에만 신경을 쓴 나머지 마지막 쐐기를 박지 못하는 것이지요. '이번에는 이 정도로 하고 다음에 고쳐 쓸 때 힘을 내면 되지' 하고 안이하게 도주하는 것입니다.

최종 단계에 들어가면, 이번에는 끝을 보겠다, 이번에는 반드시 완성하겠다는 각오를 해야 합니다. 그런 때에는 균형 따위는 신경 쓸 필요 없습니다. 오직 몰두하십시오. 집중해서 다섯 시간이든 열 시간이든 계속해서 쓰십시오. 차분하게 할 수 있는 일이 아닙니다. 모든 힘을 다 동원할 각오로 분투해야 합니다. 자신이 지닌 모든 힘을 끌어올리는 것입니다. 다음 작품을 고려해 아껴서는 안 됩니다. 현재 쓰고 있는 작품을 멋지

게 완성하느냐 마느냐에 따라 다음 작품을 쓸 수 있을
지도 결정됩니다.

등산에 비유하자면, 정상에 도전하는 단계에 들어선
것입니다. 캠프에서 캠프로 이동하는 마음가짐으로 올
라서는 안 됩니다. 그동안 들인 노력이 결실을 맺을지
말지는 이 시점에 결정됩니다. 지금까지 쏟은 정열의
몇 배를 쏟아 대담하게 도전하기 바랍니다. 만약 창작
의 기쁨이란 것이 있다면, 자신의 능력을 초월한 힘이
발휘될 가능성이 가장 높은 이 단계일 겁니다. 이 몇
주 동안, 이 몇 달 동안을 위해 별 재미없는 잿빛의 1,
2년을 보냈던 것입니다. 등산과 마찬가지로, 그 기쁨
이 있기에 그만둘 수 없는 것이겠지요.

도시에 살 것인가 시골에 살 것인가

어떻게 펜 한 자루로 먹고살 수 있을 것인가. 이는
부모가 큰 부자가 아닌 이상 큰 문제입니다. 당신에게
어마어마한 재능이 있고, 노력에 노력을 거듭해 굉장
한 작품을 잇달아 발표했다 해도, 소설만 써서 먹고살
수 있다는 보장은 없습니다. 세상 사람들이 반드시 질
높은 작품만을 선호하지는 않기 때문입니다. 분명하게

말해서, 그 반대인 경우가 많습니다. 그러나 언젠가는 빠듯하게나마 살아갈 수 있는 날이 옵니다. 그때까지 견디기 바랍니다. 좋은 작품은 입소문을 타고 퍼져 나갑니다. 시간이 걸리더라도, 언론이 떠들어 대는 효과보다 미미하다 할지라도, 그편이 오래 갑니다.

수입이 집세가 비싼 도시에서는 살아갈 수 없는 수준이라도, 지방으로 이사를 가면 어떻게든 살 수 있습니다. 출판사가 많은 도시라야 글을 쓸 수 있는 것은 아닙니다. 재능만 있으면 어디서든 쓸 수 있습니다.

외국의 경우에도 소설가들이 도시에 모여서 일을 하는 사례가 없습니다. 그들은 각자 좋아하는 고장에 흩어져 살면서 독립한 상태로 창작에 임하고 있습니다. 그렇게 하는 것이 당연한데, 일본은 거의 모든 소설가가 도시와 그 주변에 살고 있고, 도심부에 별장도 소유하고 끈끈한 교제를 이어가고 있습니다. 그런 분위기 속에서 과연 개성적인 작품이 태어날 수 있을까요. 이 나라 사람들은 정말 개성을 존중하는지 의문입니다.

이 나라의 문화와 예술은 하나의 흐름이 형성되면 모두가 그리로 모여 피라미드 형태의 관계를 구축하고 타자를 배제합니다. 그 결과 부패의 나락으로 떨어지고 말았습니다. 어쩌면 예술이 자라나기 힘든 풍토인지도 모르겠습니다. 예술은 물론 발견이나 발명과도

인연이 먼 나라입니다. 그 원인은 한 사람 한 사람이 자립한 상태에 있지 않거니와 자립하려고도 하지 않기 때문이 아닐까요. 좁은 섬나라에서 많은 사람이 와글거리며 공존하자니 자립적인 자세는 주위 사람들에게 위협을 준다고 생각하고, 개성은 그저 불순물이라고 치부하는 건지도 모르겠습니다.

그러나 이제는 그런 유치한 사고를 떨쳐 버릴 때입니다. 국제화란 백인을 동경하고 외국어를 유창하게 하면서 싱글거리는 일이 아닙니다. 조직과 직함을 배경으로 하지 않더라도 독립한 인간으로서 누구와도 대등하게 교제하며, 상대가 형편없는 인간이라고 여겨지면 재빨리 관계를 끊고, 이 사람이다 싶은 인물은 이해관계를 따지지 않고 대하는 것이 국제적인 사람 아닐까요.

도시에 사는 수많은 소설가는 작품 속에서 도시 생활을 수박 겉핥기식으로밖에 반영하지 않습니다. 오래도록 도시 한가운데 살면서 도시의 실태나 본질을 전혀 파악하지 못하고 있습니다. 대체 어디에 주목하고 있는 것일까요. 가벼운 풍속 정도나 표면적으로 훑을 뿐 그 이상 깊이 파고들려 하지 않습니다. 도시는 세련된 장소로 여겨지기 일쑤인데, 정말 그럴까요. 그들이 줄기차게 만들어 내는 작품이 과연 세련된 것일까요. 세련미는커녕 그저 경박할 뿐이지 않은지요. 본질을 외면하고 생명력을 잃은 것은 세련되었다 할 수 없습니다.

지방에 사는 내가 보기에 도시는 도피할 곳이 많은 공간입니다. 도피하려고 들면 어디로든 도피할 수 있는, 편리하다고 하면 편리하고 비극적이라고 하면 비극적인 장소입니다. 아마 도시에 사는 예술가나 창작하는 사람 대부분이, 자신이 도피자의 전형이며 불안정하다는 것을 깨닫지 못하는 것이겠지요. 그들은 자신이 어떤 인간인지를 모르는 채 유행을 쫓고 시류에 휘둘리며 생을 마감합니다.

그런 소설가가 유행이라고 해서 시골로 이사를 한다면, 아마 의미가 없을 겁니다. 예술가인 척하는 무리들, 자연 옹호론자인 척하는 도시인들이 시골로 이사하는 것이 유행인 모양인데, 장소가 바뀌어도 그들의 시선은 여전히 유치한 환상을 쫓을 뿐입니다. 그들은 이구동성으로 자연의 아름다움을 찬미하고, 시골 사람들의 소박함에 감격하고, 도시에 살 때는 그렇게 의심이 많았으면서 갑자기 모든 것을 믿고 수용하고, 이런 생활이야말로 인간다운 생활이라고 자화자찬합니다. 그러나 그들의 가치관은 언제나 그 수준을 넘어서지 못합니다.

도시가 현실의 집합체라면 시골 또한 싸구려 환상이

비집고 들어올 수 없는 혹독한 현실의 집합체입니다. 그들이 시골을 끊임없이 필요 이상 예찬한다면, 사기꾼이든지 현실을 볼 줄 모르는 얼간이입니다.

나는 시골에 살고 있지만, 시골에 빌붙어 콩고물이나 얻어먹으려는 사기꾼도 아니거니와 시골 사람이 어떤지를 꿰뚫지 못하는 얼간이도 아닙니다.

"시골 명사로 끝나서는 안 된다."

도시를 떠나려고 결심했을 때, 내게 이렇게 충고해 준 편집자가 있었습니다. 나는 이 충고를 전적으로 받아들일 수 없었습니다. 왜냐하면 나는 시골 명사가 될 생각은 애당초 없었고, 그렇다고 도시의 명사가 되고 싶은 생각도 없었기 때문입니다. 명사가 되고 싶어 문학을 지향한 것이 아니기 때문입니다.

명사가 되고 싶어 하는 소설가들은 이런 나를 사회성이 부족하다고 단정하면서 자신을 비호하려고 하지만, 그들은 문학이 무엇인지, 예술이 무엇인지, 가장 중요한 점을 이해하지 못하고, 자신들이 쓴 작품이 형편없다는 것도 알지 못합니다. 만약 내게 사회성이 있었다면 나는 소설가가 되지 않았을 겁니다. 하기야 내 생각에 반사회적인 존재란, 꼬리를 흔들며 권력에 들러붙는 이들이며, 무리를 지어 압력단체를 구성하려는 이들이고, 권위라고 하면 사족을 못 쓰는 이들입니다.

그들은 사회에 참여하는 척하면서 자신의 사회적인 위치에 급급한 반문학적이고 반예술적인 이들입니다. 그런 이들에게 문학과 예술과 창작은 그저 도구이거나 발판에 지나지 않습니다.

지방으로 내려와 사는 가짜 문화인들은 보통, 시간이 어느 정도 흐르면 그렇게 감동하던 첫눈에도, 들새들의 지저귐에도, 아름다운 낙조에도, 사투리와 토속주에도, 민화에도 밤의 짙은 어둠에도 싫증을 내고 맙니다. 그리고는 자연이 품고 있는 다른 면, 예를 들어 산불이나 산사태, 토사 붕괴, 독사, 진드기 같은 것에 압도되고, 심지어 시골 사람들의 음험함과 토속적인 것의 답답함, 자극 없고 따분한 날들에 짓눌려 견디기 어려운 고독을 느끼게 됩니다.

그러다 끝내는 자신이 이런 곳에서 대체 뭘 하고 있는가, 이런 외딴 시골에서 인생을 다 보내도 좋은 것인가, 하는 의문에 시달리다 더는 버티지 못하고 다시 도시로, 어디로든 도피할 수 있고 꿈과 현실의 경계가 불분명한 도시로 돌아갑니다.

대자연에서 인간이 배워야 하는 것은 도피가 아니라 자립입니다. 약함이 아니라 강함입니다. 여러 예술가들이 아름다운 자연 속에 모여 창작의 터를 만들고 이상적인 환경을 조성해 서로를 자극하고 절차탁마한다는, 만인이 수긍할 만한 삶의 방식도 정작 시도해 보면 무참한 결과로 끝나는 경우가 많습니다. 이는 그들이 자연 속에서 배워야 할 것을 끝까지 깨우치지 못했기 때문일 겁니다. 자연이 품고 있는 아름다움과 자애로움만 보았지 그 혹독함에서는 아무것도 배우지 못했기 때문일 겁니다.

웬만한 일로는 타인에게 도움을 청하지 않고 어떻게든 자력으로 해결하는 생활. 혼자 힘으로 살아가는 기쁨 속에서 진정한 자유와 진정한 감동을 누리는 생활. 그런 생활과는 반대 방향으로 간 그들은 그런 결론밖에 내릴 수 없었겠지요. 그들을 기다리고 있는 것은 당연히 파멸입니다. 다 큰 어른들이 모여 캠프 활동 같은 생활을 하면서 철없이 놀 수 있는 동안엔 별문제가 없습니다.

그러나 그들은 언젠가 천박한 욕망을 드러내고 맙니다. 그렇게 되면 무리는 우두머리와 졸개로 나뉘고, 질투가 난무하는 혼란에 빠져 수습이 어려운 지경에 처합니다. 그렇게 되어간 경위를 써 본들, 문학은 될 수 없습니다.

생활 수준을 낮춘다

소설가에게 걸맞은 셋집이나 고장은 이 세상 어디에도 존재하지 않을지 모르겠습니다. 그럼에도 적은 수입 범위 안에서 최대한 이상적인 일터를 확보해야 합니다. 주위 사람들이 간섭할 수 없고, 하루 내내, 또는 1년 내내 조용한 환경이 보장되는 집, 또는 방은 그리 쉽게 찾을 수 없습니다. 하물며 월세가 싼 집을 구하기는 더욱 어렵겠지요. 도시에서는 아예 불가능합니다. 방에 살던 사람이 자살했거나 폭력단의 사무실 옆방인 경우에도 시골의 집 한 채 집세보다 몇 배나 비싸다는 얘기를 듣고는 그저 어이가 없었습니다. 그 좁은 방에 그만한 돈을 지불하느니 지방으로 내려가는 것이 옳습니다. 도시에서의 한 달 치 월세로 한 달을 생활할 수 있으니까요.

생활비가 적게 들면 그만큼 불필요한 일까지 하지 않아도 되고, 남은 시간과 에너지를 소설에 쏟을 수 있습니다. 처녀작이 어마어마하게 팔려 큰돈이 들어왔다 해도, 최대한 빨리 시골로 이사하는 편이 좋을 겁니다. 왜냐하면, 수입이 늘 그렇게 많은 것이 아니기 때문이지요. 한 번 높아진 생활 수준에 익숙해지면 다시 낮추기가 어렵습니다. 그러니 일찌감치 낮은 수준에 익숙해지면, 앞날에 무슨 일이 생겨도 흔들리지 않습니다. 만약 자극이 부족해서 시골에서는 쓸 수 없다는 이유로 도시 생활을 고수한다면, 당신은 삼류입니다.

도쿄의 일등지에 저택을 갖고 있고, 가루이자와 같은 곳에 멋들어진 별장이 있으며, 소설가답다고 하면 소설가답고 그렇지 않다고 하면 그렇지도 않게 생활하는 소설가가 있다 칩시다. 그가 발표한 책이 시류를 타거나 우연치 않게 교양서로 지목되어 인생이 뭔지도 모르면서 머리만 큰 학생들 사이에서 화제몰이를 하며 많이 팔렸다 칩시다.

그러나 그 판매고가 몇 년이고 계속되는 것은 아닙니다. 소설가는 그 높은 수입 덕분에 세상의 거친 파도에 휩쓸리지 않지만, 읽는 이들은 성장해서 사회인이 되면 풋내 나는 문학을 졸업하거나 어른의 문학을 요구합니다. 그렇게 많던 팬이 썰물처럼 사라져 버립니다. 가령 30만이었던 독자가 1만으로 확 격감할 정도로요.

그런 후에야 소설가는 퍼뜩 깨닫습니다. 팔린다는 것만 믿고, 자신이 평생 다뤄야 할 주제라 여기고 비슷한 얘기만 계속해 쓴 결과라고 말이지요. 정신을 차리고 초심으로 돌아가 획기적인 작품을 쓰려고 분발해 보지만 때는 이미 늦습니다. 너무 편하게 산 탓에 집중력이 떨어진 것입니다. 게다가 팔린다는 이유 하나로 편집자에게 필요 이상 후한 대우를 받은 탓에, 새로운 세계를 개척할 만한 모험심이 쇠퇴하고 만 것입니다. 더욱 나쁜 것은 이름이 알려진 덕분에 하는 일은 편한데 들어오는 돈은 많은 일거리가 널려 있다는 점입니다. 그런 그가 처음으로 돌아가 다시 시작하자고 각오하는 것은 절대 불가능합니다.

책의 판매고가 십 분의 일로 줄어들면 당연히 수입도 줄어드니, 그는 줄어든 만큼 다른 일을 해서라도 어떻게든 메워야 합니다. 일단은 원고료로 메우자는 생각에 평소보다 많은 소설을 쓰게 됩니다. 그러나 아무리 많이 써도 400자 원고지 한 장에 7, 8000엔이 상한선인 문예지 원고료로는 호화로운 생활을 유지할 수 없습니다. 그래서 강연을 하거나 책의 판매로 이어지지 않을까 하는 기대를 품고 여러 TV 프로그램에 출연합니다. 그렇게 해서 생활 수준은 간신히 유지한다 해도, 한 번 떠나간 독자는 두 번 다시 돌아오지 않습니다. 돌아오기는커녕 고개를 갸웃거리면서도 소설가에게 아직 멋진 작품을 쓸 힘이 남아 있을 것이라는 착각에 신간을 계속 샀던 독자마저 날로 거칠어지는 문장을 보고는 그만 포기하고 떠나갑니다.

결코 남의 일이 아닙니다. 오랜 세월 이 일을 하다

보면 당신도 그런 입장에 놓이게 될 겁니다. 해결하는
방법은 오직 하나, 과감하게 생활 수준을 낮추는 것밖
에 없습니다. 편한 생활이 당신을 그렇게 만든 것입니
다. 매달리면 매달릴수록, 작품의 질은 떨어집니다. 우
선은 별장을 팔아 버려야 합니다. 그다음에는 고급주
택가에 있는 집과 땅을 팝니다.

그렇게 마련한 돈으로 집값과 땅값이 싸고 조용한,
편집자들이 수시로 드나들 수 없는 지방으로 이사를
가십시오. 그렇게 해도 무일푼으로 시작한 10여 년 전
보다는 훨씬 좋은 조건에서 출발할 수 있습니다. 당신
에게는 집과 일과 유명세가 있고, 다음 작품을 발표할
때까지 충분히 사용할 수 있는 몇 년 치 생활비가 있습
니다. 그것이야말로 재출발의 문턱에 서는 일입니다.

창조를 위한 지식

인간을 비롯해 이 세상 전체를 소설이라는 형태로
포착하고 싶어 하는 소설가가 있습니다. 나 역시 그런
소설가 중 한 명입니다. 그것은 긴 세월에 걸쳐 추구할
가치 있는 큰 목적이며 거대한 야망이기도 합니다. 그
러나 정말 그런 목적에 도전하려면 상당한 각오가 필

요합니다. 모든 것을 희생하고서도 목적에 도달할 수 있을지 장담할 수 없기 때문입니다. 편리한 도시에 살면서 몇 종류의 신문과 잡지를 구독해 모든 지면을 구석구석 빈틈없이 훑어보고, 그 외에도 뉴스를 확인하고, 화제몰이를 하고 있는 책도 일일이 사서 읽는 노력을 아무리 되풀이해 봐야, 그가 얻을 수 있는 것은 지식과 정보에 불과합니다.

물론 소설가에게 정보와 지식은 유익한 것이니 무시해도 좋다는 말은 아닙니다. 그러나 도가 지나쳐서는 안 됩니다. 지식인은 손쉽게 얻은 지식과 최대한 많이 얻어들은 타인의 말을 마음의 창고에 저장해서 필요할 때 꺼내 사용할지 모르나, 예술가는 그래서는 안 됩니다. 우리 소설가에게 필요한 것은 지식을 위한 지식이 아니라 창조를 위한 지식입니다. 우리 소설가에게 정말 필요한 것은 체험이 동반된 지식입니다. 당신의 오감과 육감이 포착한 생생한 정보입니다.

소설가가 된 당신은, 가능한 한 당신이 늘 마주하는 현실과 당신의 감성 사이에 타인의 지식과 정보가 끼어들지 않도록 주의해야 합니다. 당신은 이미 지식으로 또는 상식으로 체득한 것이라도 거듭 확인하도록 애써야 합니다.

지구가 둥글다는 것을 전혀 모른 채 성장한 청년이

있다고 합시다. 그리고 그 청년이 어느 날 해변에 서서 이 대지가 달 같은 모양이라는 것을 스스로 발견했다고 해 봅시다. 그러나 그 사실은 이미 세상에 알려진 지식이니, 발표해 봐야 세상의 조소를 살 뿐입니다.

그런데 그가 과학자가 아니라 예술가를 지망하고 있다면, 발견의 가치는 크게 달라집니다. 그는 위대한 예술가가 될 소질을 갖고 있습니다. 엄청난 재능일지도 모르겠습니다. 범람하는 정보와 지식, 무수한 인간들의 무수한 영위, 욕망의 분출, 그런 것들로 넘실거리는 도시 공간에 사는 사람은 웬만큼 마음을 굳게 다지지 않으면 그 거친 파도에 휩쓸려 빠져 죽고 맙니다. 자아를 잃어버리고, 자신의 발견을 하잘것없는 것이라 착각합니다.

시골이야말로 문학의 부활에
가장 적합한 장소

시골을 따분하기 짝이 없고 창조와는 거리가 먼 공간이라고 파악하는 이는 진정한 소설가가 아닙니다. 소설가로서 완전히 실격입니다. 몸이 어디에 있든, 설령 무인도에 있든 하얀 벽에 에워싸여 있든, 진짜 재능 있는 소설가라면 소재가 궁핍해지는 일은 절대 없습니다. 평생 써도 모자랄 만큼 다양한 주제가 잇달아 떠올라야 진정한 소설가일 수 있습니다. 슬럼프 따위로 고민하는 소설가는 빨리 직업을 바꾸는 것이 마땅합니다.

이렇게 안정된 시대에는 쓸 만한 소재가 없이 곤란하다고 투덜거리는 소설가가 아주 많은데, 나는 그들의 재능이 그 정도라고밖에 여겨지지 않습니다. 전쟁이나 경제 공황, 천재지변 등 변화에 찬 불행한 시대를 겪고서야 소설가가 될 수 있었다는 말은, 그들이 평화로운 시대였다면 데뷔할 수 없었다는 뜻이기도 합니다. 혼란의 시대에는 별 재능 없는 평범한 사람이라도 주변에서 벌어진 사건이나 사실을 그저 평범한 문장으로, 마치 일기를 쓰듯 그려도 문학이 될 수 있습니다.

아무 변화가 없어 보이는 이런 시대에 진정한 소설가인지 아닌지를 분명하게 구분하는 것은 무거운 주제를 찾을 수 있느냐 없느냐에 있습니다. 주제라고도 할 수 없는 가벼운 소재는 주변에 얼마든지 널려 있습니다. 가벼운 주제가 아니더라도 그것을 다루는 방식이 한없이 가볍습니다. 애써 찾은 주제를 싸구려로 만드는 것은 가벼운 소설가와 가벼운 독자들입니다.

전체를 보려 한다면 머리를 이리저리 돌려가며 두리

번거리는 것은 좋지 않은 방법입니다. 전체가 보고 싶다면 한 점을 응시하는 겁니다. 이 자세야말로 중요합니다. 당신의 주변을 가득 메우고 있는 수많은 현상, 수많은 사건, 수많은 타인, 그것들을 전부 쫓아서는 안 됩니다. 이거다 싶은 한 가지에 주목하고, 그 움직임을 끈질기게 추적해 보십시오. 그리고 잇달아 떠오르는 문제점을 지긋하게 생각해 보십시오. 왜 그렇게 되었는지, 왜 그런 움직임을 보이는지, 보면서 생각하고 생각하면서 또 보십시오. 처음에는 모르겠지만 조금씩 알게 될 겁니다. 이 방식이야말로 타인의 지식에 의존하지 않은 당신 자신의 발견이며 쓸 가치 있는 소재이며 작품의 근원이 되는 발상의 원천입니다.

따라서 이 자세만 잊지 않는다면 굳이 사람들로 북적거리는 도시가 아니어도 상관없습니다. 인구가 현저하게 적은 지방이 오히려 좋습니다. 한 인간이 있고, 한 사건이 있으면, 아주 깊은 곳까지 파고들어 생각하고 포착할 수 있습니다. 아무도 없을 때에는 자신을 바라보십시오.

이렇게 한 점을 응시하는 방법을 사용하면, 바로는 아니어도 언젠가 전체가 선명하게 보이는 날이 옵니다. 여기에 있는 것이 저기에도 있으며, 저기에 있는 것은 여기에도 있다는 것을 조금씩 알게 될 겁니다.

모든 시골이 다 그런 것은 아니지만, 시골 사람들은 대부분 언어에 의지하지 않고 살아갑니다. 도시 사람들처럼 논리나 이론을 신봉하지 않습니다. 그런 것에 집착하다간 살아남을 수 없을 만큼 혹독한 환경에서 살고 있기 때문이겠지요. 그런 삶은 인간의 본질을 천착하려는 소설가에게 아주 매력적인 대상이 될 수 있습니다.

우리 소설가는 지금까지 지나치게 언어에 의존해 왔습니다. 그 결과, 언어로 포착할 수 있는 것만 골라서 문학 세계를 구축하는 버릇이 들고 말았습니다. 언어로 포착할 수 없는 것은 전부 무시해 버린 것이지요. 그렇다 보니 좁은 미학의 세계 안에서만 존재 가치를 찾아낸 나머지 한계에 부딪히게 된 겁니다.

언어가 유일한 도구인데 언어로 표현할 수 없는 무엇에 도전한다는 것은 모순이 틀림없습니다. 그러나 제대로 도전해 보지도 않은 채 무시하는 것보다는 의미 있는 일입니다. 언어로는 정말 표현할 수 없는지 어떤지를 시험해 보는 겁니다. 천박한 미학은 내던지고 평범한 표현에서 벗어나 다시 한 번, 아니 두 번이든 세 번이든 언어의 힘과 효과를 생각하면서 도전해 보는 겁니다. 그럴 때 언어로 단단하게 무장한 사람들이 많은 도시보다는 언어란 옷을 벗어던지고 알몸을 드러낸 시골 사람들 사이에 있는 것이 유리합니다.

아주 단순하게 자신을 드러내 보이는 그들에게서, 도시 사람들과 당신이 꼭꼭 숨기고 있던 본성을 발견할 수 있을 겁니다. 어쩌면 그것은 대부분의 소설가는 보고 싶어 하지 않는 끔찍한 것일 수도 있습니다. 그러나 거기에서 눈을 돌려서는 뭘 어떻게 쓰든 아무 소용이 없습니다.

보고 싶지 않은 현실 속에, 비문학적으로 여겨지는 대상 속에, 새로운 문학의 문을 열 수 있는 열쇠가 숨겨져 있습니다. 그런 현실은 어디에든 있습니다. 도시에도 있고 지방에도 있습니다. 중요한 건 소설가인 당신의 눈이 그곳을 향하고 직시할 수 있느냐 하는 것입니다.

만약 당신이 지방으로 이사해서 창작 활동에 임하려 한다면 당신이 진정한 소설가인지 아닌지가 금방 드러나게 되겠지요. 당신 자신이 가장 먼저 깨닫게 될 테니까요. 시골 사람들을 속이는 것은 쉬운 일이지만, 자신을 속이는 것은 지난한 일입니다. 당신이 고생고생하며 주위에 뿌린 언어의 별은, 별이 총총 빛나는 밤하늘 아래에서는 금방 퇴색하고 맙니다. 당신이 만약 소설가로서의 재능에 자신이 없어졌다면, 정말 재능이 있는지 없는지 모르겠다면 시골로 이사하는 것도 좋습니다.

권력에 다가가지 마라

창작하는 데 있어 가장 중요한 점은 누구도 의지하지 않는 자세를 관철하는 것이라고 앞에서 말했습니다. 그런데 그것을 실천하려면 애로 사항이 아주 많습니다. 부모의 재산, 친절한 친구, 잘 챙기는 편집자에게 의지하는 것도 모자라 때로는 권력에 의지하기도 합니다.

권력에 다가가는 예술가는 권력의 선봉을 자처하는 신문과 잡지, 방송국과 비슷할 정도로 많습니다. 그렇게 해서 하는 일이 쉬워지고 수입이 오를 수야 있겠지만, 이는 가장 비열하고 저급한 삶의 방식입니다.

예술을 지향하는 자가 절대 다가가서는 안 될 상대, 그것은 권력과 권위입니다. 다가가는 순간 그는 예술가의 영혼을 잃게 됩니다. 동서고금을 막론하고 예술과 권력의 유착은 흔한 일이었습니다. 그러나 그 결과는 참담하기 이를 데 없었습니다. 예술에 깊이 개입한 권력은 부패했고, 권력에 과도하게 접근한 예술은 단박에 추락했습니다. 그런 예를 일일이 열거하자면 끝이 없습니다.

물론 권력의 비호 속에서 오히려 꽃을 피운 예술도 있긴 했습니다. 그 시대에는 다른 방법이 없었겠지만, 그 속에서 태어난 작품 — 회화와 음악 — 전부가 그런 것은 아니어도, 어딘가 모르게 비굴한 미학이 느껴지는 것을 부정할 수 없습니다.

정말 유능한 예술가여도 예술가 이상의 무엇이 되고 싶어 권력에 다가가면, 그 순간 작품의 질이 떨어집니다. 그것은 숨길 수 있는 일이 아닙니다. 가령 그가 원로라 불리며 부동의 위치에 있다 해도, 보는 눈이 있는 사람이 보면 전체적으로 품격이 떨어진다는 것을 이내 알 수 있습니다. 아무리 잘 짜인 작품이라 해도 깊이 역시 떨어진다는 것을 이내 알 수 있습니다.

그런 일은 절대 없겠지만, 만약 이상적인 권력이 있다 해도 예술가는 거리를 두어야 합니다. 대통령과 식사를 하거나, 훈장을 받거나, 예술원의 회원이 되고 싶어 하거나, 정부가 주창하는 일에 협력할 때는, 이미 자신이 예술가도 아무것도 아니라는 것을, 그저 속물로 전락했다는 것을 깨달아야 합니다.

창작의 열쇠는 가장 약한 개인이 홀로 헤쳐 나가는 데에만 숨겨져 있습니다. 개인의 입장, 단독의 자세와 정반대 위치에 있는 것이 권력입니다. 권력은 자유로운 입장을 싫어합니다. 권력의 힘이 미치지 못하고 무시되는 것을 두려워하기 때문입니다. 권력은 모든 것을 휘하에 거느리고 싶어 합니다. 그러지 않으면 붕괴할지도 모르기 때문입니다. 꼬리를 흔들며 다가온 예술가에게는 알사탕을 던져주면서 목과 머리를 쓰다듬어 줍니다.

권력은 자신을 거역하지 않고 자신에게 위협이 되지 않는 예술에 빛을 비춥니다. 그리고 예술 따위는 이해하지 못하는 무수한 대중에게 '이 예술이야말로 일류'라는 그릇된 이미지를 세뇌하고, 그 위대한 예술 위에 누가 군림하고 있는지를 암암리에 어필합니다. 모든 것이 권력 아래에서만 반듯하게 통제된다는 것을 과시하는 것이지요.

반권력을 외치라는 뜻이 아니라 권력에 가담하지 말라는 말입니다. 소설가로서 인세와 원고료가 아닌 돈은 받지 말라는 말입니다.

굶주린 아이 앞에서 뭘 할 수 있을까

권력에 반하는 입장이 때로 권력의 입장과 큰 차이가 없는 경우가 있습니다. 권력에 반하는 입장 역시 집단으로 성립되는 일이 많고, 그 집단에 속하고 투신하다 보면 창작하는 사람으로서의 기본적인 자세가 흔들리고 맙니다. 좋고 나쁘고를 떠나서 말이지요. 무엇이 정의고, 무엇이 악인지를 끝까지 밝힌 결과 권력이든 반권력 쪽에 가담해서 투쟁하기로 결심한 소설가가 있다면, 그는 펜을 내려놓아야 합니다. 문학을 떠나야 합니다.

문학과 권력은 양립할 수 있는 것처럼 보이지만, 실은 절대 그렇지 않습니다. 정치는 집단에서 시작해 집단으로 끝나고, 문학은 개인에서 시작해 개인에서 끝나기 때문입니다. 자신에게 유리할 땐 정치가였다가 불리하면 소설가였다가, 그렇게 오락가락하다 보면 머리 회전이 둔해져 양쪽에서 모두 신뢰를 잃고 처세술에만 능한 인간으로 추락합니다. 이렇게 양다리를 걸치면 두 마리 토끼를 잡으려다 둘 다 놓치고 마는 꼴이 됩니다.

만약 내가 정치하는 날이 온다면 그때는 펜을 내려놓을 겁니다. 그땐 언어에 의지할 수 없고 조용히 소설이나 쓰고 있을 수도 없는, 도저히 어떻게 할 수 없는 때이겠지요. 집단에 속할지 어쩔지는 알 수 없으나, 죽을힘을 다해 뛰어들 겁니다. 나 같은 소설가가 궐기했을 때에는 이미 시기가 늦었는지도 모르겠습니다.

한때 '참여 문학'이 크게 유행한 적이 있었지만, 지금은 거의 꼬리를 감춘 듯합니다. 여전히 그 영향에서 벗어나지 못한 소설가가 더러 있기는 하지만요. '유행했다'는 표현을 순순히 인정하고 싶지 않은 소설가와 독자도 물론 있겠지요. 그러나 돌이켜 생각해 보면, 그것은 그야말로 유행에 지나지 않았습니다. 굶주린 아이 앞에서 문학이 뭘 할 수 있는가, 하는 오만한 외침은 언제부터인가 잦아들었고, 꺼진 불씨가 되고 말았습니다. 전 세계에 굶주린 아이들이 넘치고 있는데도 말이지요.

굶주린 아이 앞에서 문학은 뭘 할 수 있는가. 이 질문에 대답할 수 있는 소설가는 끝내 나타나지 않았습니다. 몇 가지 그럴싸한 대답을 내민 적은 있었지만, 효과는 전혀 없었습니다. 그러고는 정치에 참여했다는 착각을 품은 채 그들은 갑자기 입을 다물었고, 다시 문학으로 돌아가 간혹 생각났다는 듯이 사회정의라는 잣대를 휘두르며 자신의 작품과 자신의 격을 높이려 했습니다.

자기 몸 하나도 어쩌지 못하는 인간이 굶주린 아이들을 어떻게 돕겠는지요. 그들은 굶주린 아이들을 이용하고 장난감으로 갖고 놀다가 내던져 버리고 말았습니다.

적극적으로 세상의 이면에 뛰어들지도 못하고, 그 어두운 상황을 견디지도 못한 무능한 소설가들은 콤플렉스를 완전히 뒤집을 수 있지 않을까 하는 환상을 품고, 어느 프랑스 소설가가 견디다 못해 외친 앙가주망에 일제히 달려들었습니다. 그러고는 이것도 아니다 저것도 아니다 격론을 펼치고 어중간한 행동을 취했는데, 그렇게 해서 그들이 얻은 것은 수입의 증가뿐이었습니다. 그보다 더 안타까운 일은 그들이 터뜨린 불꽃이 작품에 반영되지 못했다는 점입니다. 정의를 우선한 정치적 사상이 그들의 작품을 문학에서 논문으로 밀어냈기 때문이지요. 굶주려 죽어가는 아이가 정말 불행한지, 그 상황이 정말 비극적인지, 그런 면에 시선을 돌리는 것이 문학 아니겠는지요.

정치 참여를 부르짖지 않아도 이 세상에 정치에 참여하지 않는 사람은 아무도 없을 겁니다. 정도와 형태의 차이가 있을 뿐 모두가 정치에 참여하고 있습니다. 구체적으로 무슨 행동을 하지 않아도, 권력에 다가가지 않는 자세를 견지하는 것만으로도 어엿한 정치 참여입니다.

소설가라면 하고 싶은 말을 모두 작품에 쏟아부어야 마땅하지 않을까요. 그런 태도야말로 소설가의 근원적인 모습 아닐까요. 소설가에게는 작품이야말로 유일무

이한 정치 참여의 장입니다. 그리고 그 작품을 읽은 독자가 권력이나 권위를 단호하게 거부하는 자세를 취하지 않는 한 진정한 자유를 거머쥐거나 진정한 감동에 젖을 수 없다는 것을 깨닫는다면, 그 이상 바랄 게 없습니다. 극단적으로 말해서, 그 작품이 진정한 반역아를 한 명이라도 키울 수 있다면 소설가로서는 더없이 행복한 일입니다.

무엇이 선이고 악인가 하는 피상적인 척도에 집착하는 것만이 문학은 아닙니다. 그 선과 악의 이면을 파헤쳐 과연 그것이 선인지 악인지를 천착하는 인간의 모습을 그리는 것, 철학과는 완전히 다른 방식으로 진실에 다가가는 것이 문학에 주어진 큰 주제 중 하나입니다. 그 주제를 담기 위해서는 반드시 미래 지향적이고 나약하지 않으며 고독한 자세가 필요합니다.

이렇게 말하고 싶은 사람도 많겠지요.

"뭘 그렇게 까다롭게 굴어. 문학은 훨씬 더 폭이 넓어서 선과 악이 공존하는 사람에게서 태어나는 거라고."

그러나 이런 반론은 가당치 않습니다. 권위와 권력 편에 서지 말라는 말은 소설가가 되기 위해서는 우선 언어를 잘 알아야 한다는 말과 똑같은 의미입니다. 그 정도로 기본적인 것입니다. 권위와 권력에 다가가면 얻는 것보다 잃는 것이 훨씬 많습니다. 아니, 얻은 것이 있더라도 창작하는 사람의 영혼을 순식간에 잠식하고 맙니다. 국가의 권력을 거부하는 것은 물론이요, 문단 내에서나 통용되는 보잘것없는 권력에도 꼬리를 쳐서는 안 됩니다. 그 힘을 원해서도 안 됩니다.

5장

문학의 너른 바다 한가운데로

나이에 걸맞은 작품인가

당신은 당신의 나이에 걸맞은 작품을 쓸 수 있게 되었는지요. 중장년이 되었는데도 젊은 시절 기분으로 소설을 쓰는 소설가들이 의외로 많습니다. 이는 어딘가에 어른이 되기를 거부하는 마음이 있는 탓이며, 세상의 거친 파도에 휩쓸린 경험이 다른 사람들에 비해 극히 적기 때문입니다. 특히 이십대에 데뷔한 소설가는 당시 대부분 학생이었기 때문에 사회 경험이 부족해 나이에 걸맞은 작품을 쓰기가 곤란합니다. 학생의 시선에서 언제까지고 벗어나지 못하기 때문입니다. 그 사이 다양한 체험을 했다 해도 그것은 놀이의 연장이었지 사회인처럼 혹독하고 서글픈 나날을 이겨낸 것이 아닙니다. 그런 부족함은 점차 독자와의 관계를 어긋나게 하고 그 균열은 절대 메울 수 없는 골이 됩니다.

그런 소설가가 이십대나 삼십대일 때는, 같은 세대 독자가 자신들의 기분을 대변하고 있다는 공감대를 형성해 책의 판매를 탄탄하게 뒷받침해 줄 겁니다. 그런데 사십대, 오십대가 되고 나면, 이십대와 삼십대 독자들이 그 소설가를 자신들을 잘 이해해 주는 사람으로 환대하는 것은 한때에 불과합니다. 얼마 지나면 사고방식과 삶의 방식의 차이가 분명해지고 그 때문에 빛어지는 위화감이 끝내는 '이런 아저씨 말에 놀아날 수는 없지' 하는 반감으로 발전하는 것이 고작입니다.

그리고 사십대와 오십대 독자들로부터는 '그 작가는 나이가 들어서도 이런 소설이나 쓰고 있군' 하고 멸시당합니다. 그 소설가가 이십대에 쓴 작품은 아이스크림을 연상케 하는 맛이었지만, 오십대가 되고 육십대가 되어서도 이십대의 기분으로 작품을 썼다면, 곰팡이 낀 아이스크림 꼴이니 도저히 먹어줄 수 없습니다.

많은 소설가가 어딘가 모르게 어린애 같은 구석이 있어서, 그런 면을 소년 같은 순수함이라고 표현하곤 하는데, 과연 그것이 진정한 순수함일까요. 순수하다고 여겨져 환대받는 이면에는, 왜곡되고 끈적거리는 병적인 어떤 것이 음습하게 도사리고 있을지도 모릅니다. 어른인데 어린아이인 척하면서 온갖 책임을 회피하는 게 순수한 것일까요. 먹고 싶은 대로 먹고, 마시고 싶은 대로 마시고, 약속을 깨고, 그날그날 기분으로 사는 삶이 정말 순수한 것일까요.

순수함과 유치함은 다릅니다. 어떻게든 편하게 살고 싶은 사람들이 그 대가를 치르게 되었을 때, 괴로운 나머지 비슷한 유형의 소설가가 쓴 작품을 읽고서 자기보다 형편없는 인간이 여기 있다면서 마음의 평온을 찾고, 그런 작품을 또 순수하다는 말로 치장하는가 하면 그 소설가를 예술의 높은 경지에 올랐다고 추어올려 비켜 가려는 것은 아닐까요.

문학 관계자들은 입을 모아 문학이 죽어가고 있다고 말합니다. 옳은 말입니다. 그러나 그 말은 주로 판매가 격감했기 때문에 하는 말입니다. 그들은 작품의 질에 대해서는 말하지 않습니다. 아니 판매가 줄어들면 그때야 질에 대해서 말하려 합니다. 날개 돋친 듯 팔려 나갈 때에는 아무도 질을 따지지 않습니다.

당신이 필요하다

이쯤에서 우리나라 문학은 한 번 죽는 것이 좋을지도 모르겠습니다. 재능이 없는 신인을 마치 재능이 있는 것처럼 포장해서 궁색하게 장사를 계속한들, 문학상을 남발해서 허접한 작품에 일그러진 빛을 비춘들, 이미 더는 손쓸 수 없는 지경에 이르렀습니다.

문학의 쇠퇴는 구조적인 결함에 따른 것입니다. 인간관계, 일의 의뢰 방법, 원고료와 인세를 정하는 방식 등 온갖 것이 지나치게 창작과 문학의 발전을 저해하고 있습니다. 개축한다고 어떻게 해볼 수 있는 수준이 아닙니다. 완전히 철거하고 신축하는 길밖에 없습니다.

문학 관계자들에게 그런 자각이 있는지 모르겠습니다. 혹은 자각은 있는데 용기가 없는지도 모르겠습니다. 젊고 유능한 편집자들 중에는 그런 용기가 있어 보이는 사람들이 간간이 있습니다. 그러나 그들은 너무 젊은 탓에 실질적으로 변혁을 꾀할 힘이 없습니다. 그런 힘이 아직 주어지지 않은 것이지요. 한편 대형 출판사에서는 자신의 능력을 마음껏 발휘할 수 없겠다는 깨달음에 밖으로 뛰쳐나가 정열적으로 새로운 문학을 발굴하고 있는 편집자도 있습니다. 그들이 언젠가는 새로운 문학의 길을 만들어 주겠지요. 그러지 않고는 우리나라 문학은 죽은 채 두 번 다시 살아나지 못할 겁니다.

문학이 다시 살아났을 때, 당신 같은 소설가가 필요합니다. 그날이 언제라고는 말할 수 없습니다. 그러니 당신은 당신의 페이스를 지켜 작품을 꾸준히 써 나가십시오. 당신이 일하는 방식이 보편화되는 시대는 반드시 올 겁니다. 적어도 당신이 일하는 방식과 거기에서 태어난 작품을 지지해 주는 편집자의 수가 이 이상 줄어드는 일은 없을 겁니다.

문학이 되살아난다면 오늘날 연예계처럼 화려한 분위기가 아니라 훨씬 소박하고 차분해야 합니다. 요란스러웠던 과거에 비하면 죽은 것이나 다름없을 만큼 말이지요.

문예지의 수는 줄어들고, 월간지는 계간지가 되고, 신인상 심사위원은 편집자들이 도맡게 될 겁니다. 그리고 기껏해야 2, 3년에 한 명꼴로 신인이 등장할 겁니다. 어쩌면 5년이나 10년이 될지도 모릅니다. 또 편집자와 소설가의 끈끈한 관계도 없어지겠지요. 양자의 관계가 대등해져 '선생님'이라는 말이 끼어들 여지도 없어질 겁니다. 수상 파티와 출판 기념 파티, 창립 기념 파티 같은 것도 없어질 겁니다. 학벌과 파벌의 힘으로 시시껄렁한 작품을 필요 이상 칭찬하거나 반대로 폄하하는 일도 없어지겠지요.

아무리 연륜 있는 소설가도 늘 똑같은 식으로 쓰면 편집자에게 퇴짜를 맞습니다. 그 정도로 안목 있는 편집자만 살아남을 겁니다. 문학 자체가 아닌 문단을 이해하려는 가짜 편집자의 시대는 끝났습니다. 유능하고 자부심을 지킬 수 있는 몇 안 되는 편집자와 소설가가 있으면 충분합니다. 그 지점에서 출발하지 않는 한 문학의 부활은 없습니다.

편집자가 아무리 분발하더라도 소설가가 뒤로 나자빠져 있다면 아무 일도 되지 않습니다. 그러니 뛰어난 소설가가 되어야 합니다. 현재 문학이 어떤 상황에 놓여 있든 당신은 절망하지 않기를 바랍니다. 당신을 이해해 주는 독자가 너무 적다고 해서 실망할 필요도 없습니다. 문학이 되살아날 수 있을지 없을지는 오직 당신 같은 소설가의 노력에 달렸습니다. 당신이 문학을 되살리는 겁니다. 그 정도 기개로 임하기 바랍니다.

시류에 휩쓸려도 안 되고 게으름을 피워서도 안 됩니다. 세상의 흐름에 맞춰 휴일에 쉬거나 여름휴가를 가서도 안 됩니다. 재충전을 핑계로 오랫동안 집필을 멀리해서도 안 됩니다. 그러면 실력이 금방 녹슬고 맙니다. 원래 자리로 돌아가려면 며칠이 걸립니다. 이게 힘든 일이라고 생각한다면, 이 세계로 들어오지 말아야 합니다. 게으른 자가 어떻게 소설을 쓰겠습니까. 열중하고 몰입하는 자만이 진정한 소설가가 될 수 있습니다.

장편소설의 늪

글을 과도하게 써서도 안 됩니다. 특히 연재소설을 쓸 경우에는 충분한 주의가 필요합니다. 가능하면 거절하는 것이 좋지만 만약 일을 맡게 되었다면, 각 회당 연재분을 마지막까지 다 쓴 후에 그 이상은 어떻게 할 수 없는 선까지 충분히 손질하고 원고를 넘기십시오.

신문소설은 대충 쓰고, 문예지에서 의뢰받은 글을 잘 쓰면 된다고 생각한다면 결국 작품을 망칩니다. 그런 식으로 할 거면 차라리 안 쓰고 게으름을 피우는 편이 낫습니다. 집필을 멈추고 올바른 자세로 쓴 작품을 읽으면서 자신을 질책하는 편이 낫습니다.

그러나 대부분의 연재소설은 그때그때 마감에 쫓겨, 일시적인 발상으로 썼다고밖에 보이지 않는 원고를 넘긴 글에 지나지 않습니다. 전체적인 균형은 전혀 고려하지 않고, 그저 길게만 썼을 뿐인 장편소설이 한 권의 책으로 세상에 나옵니다. 그런 작품은 실제로는 톤이 고르지 못하고 들쭉날쭉하며 군데군데 스토리상의 모순이 드러나 있어 참고 읽어 줄 작품이 못 됩니다. 그런데 우리나라에서는 그런 식으로 쓴 작품이 장편소설로 횡행하고 있습니다.

장편소설도 깜박 잊고 못 쓴 것은 나중에 쓰면 되지 하는 식으로 적당히 써서는 안 됩니다. 장편소설도 단편소설처럼, 긴장감을 유지하고 완성도를 높이면서 주의 깊게 써 나가야 합니다. 애드리브로 쓴 것치고는 그런대로 괜찮은 장편소설을 걸작으로 착각해서는 안 됩니다. 멍청한 평론가가 그런 작품을 예찬해도 당신은 절대 인정해서는 안 됩니다.

유유히 흘러가는 대하소설 같은 전개와 그저 문장을

줄줄이 늘어놓았을 뿐인 전개를 똑같이 여겨서는 안 됩니다.

본인과 편집자 말고는 읽지 않을 정도로 구질구질한 장편을 쓴 소설가가 종종 이런 말을 합니다. "단편소설은 어렵다" 하고 말이지요. 그들은 아마 단편소설이 그 짧은 길이 탓에 읽는 이에게나 쓰는 당사자에게도 결점이 일목요연하게 드러나기 때문에 그런 말을 했을 겁니다. 당연히 단편소설은 깜박 잊고 못 쓴 것을 나중에 덧쓰는 안이한 수법으로는 완성할 수 없습니다. 덜써서 부족하거나, 불필요한 표현이 있거나, 스토리상에 모순되는 점이 있거나, 긴장감이 결여되어 있으면, 안목이 그리 없는 독자라도 한눈에 알아봅니다.

또 소설가 본인도 쓰는 도중이거나 다 쓴 후에, 그 작품의 결점이 고스란히 보여 당황할 겁니다. 그리고 이리저리 고생하면서 그 결점을 손질해 나갑니다. 길이가 짧으니 그리 성가신 작업으로 여겨지지 않아 완성도를 높이는 것은 가능합니다. 그 탓에 시간이 더 걸리고 신경을 소비한 나머지 단편소설은 어렵다는 결론에 도달한 것이지요.

이와 반대되는 이유에서 장편소설이 쓰기 편하다고 생각하는 것은 말도 안 되는 착각입니다. 길이가 긴 만큼 적당히 써도 독자들이 길이에 압도되어 결점을 잘 알아차리지 못할 것이라고 생각하거나, 또 너무 길어서 결점을 일일이 손질하려면 시간이 걸린다고 생각하는 것은 옳지 않습니다. 전체적으로 면밀하게 쓰인 장편소설의 재미를 아는 독자는 그런 장편소설은 거들떠보지도 않으니까요.

연재라는 손쉬운 방법이 지금껏 문학의 질을 얼마나 떨어뜨렸는지, 유능한 소설가를 몇 명이나 죽였는지 모릅니다. 나쓰메 소세키는 신문소설을 통해 소설가가 되지 않았느냐고 반문하는 사람도 있겠지요. 그러나 주의 깊게 읽다 보면 군데군데 결점이 있고, 모순되는 면도 있으며 문장에는 균형감이 없어, 세상에서 평가하는 만큼의 걸작이나 명작이 아니라는 것을 알게 될 겁니다. 그런 작품을 걸작이라고 여길 만큼, 그 이후의 작품의 질이 낮다는 말일까요.

해변을 돌아보지 마라

10년 정도 지속적으로 글을 써서 이제 조금은 제대로 된, 조금은 독창적인 작품을 쓰게 되었다 해도, 당신은 여전히 파도치는 해변에서 문학의 너른 바다를 향해 고작 몇 백 미터를 나아갔을 뿐입니다. 해변을 돌아보지 마십시오. 거기에서 시끌벅적하게 물놀이를 하는 것이 문학이라 생각하고 외롭고 힘들다고 되돌아가서는 안 됩니다. 주위는 아주 고요합니다. 해변에서 멀어지면 멀어질수록 문학의 물결 소리만 들리게 될 겁니다. 그래야 합니다. 그런 환경이야말로 진정한 소설가에게 어울립니다.

당신은 앞으로도 더 넓은 바다를 향해 돌진해야 합니다. 앞으로 나아가면 갈수록 바다는 더욱 넓어집니다. 그리고 어느 방향으로 나아가면 좋을지 갈팡질팡하게 될 겁니다. 당신 주변에는 이제 아무도 없습니다. 당신의 앞길에 누군가가 있다면, 그쪽을 향해서는 안 됩니다. 타인의 뒤를 쫓아가서는 애써 바다로 나온 의미가 없기 때문입니다. 만약 당신의 뒤를 쫓아오는 이가 있다면 가르쳐 주십시오. 우리 서로가 다른 방향으로 나아가는 게 좋지 않겠느냐고 말이지요. 이렇게 넓은 바다 한가운데에 있는데 한데로 모이지 말자, 하고 말이지요.

당신이 아무리 뭍에서 멀리 떨어졌어도, 당신을 끊임없이 지켜보는 이가 있습니다. 근시안을 가진 가벼운 독자들은 당신을 볼 수 없겠지만, 안목 있는 진짜 독자의 눈에는 당신이 수평선 저 너머로 사라진다 해도 보일 겁니다. 당신은 주의 깊게, 그러나 대담하게 이 고독한 항해를 마음껏 즐기십시오. 두려워하지 마십시오. 나는 과연 쓸 만한 것을 갖고 있는가, 하는 평론가 취향의 자문을 해서는 안 됩니다. 당신 같은 소설가는 그런 쓸데없는 일로 고민할 필요가 없습니다. 당신이 펜을 쥐고 쓰는 것이 바로 당신이 쓸 만한 주제입니다. 당신은 자신이 뭘 쓰고 싶어 하는지를 알고 싶어 쓰는 것입니다.

평론가 역시 소설가와 마찬가지로 몇 종류로 나누어 볼 수 있습니다. 그들은 문학을 아주 좋아하는 사람들이지만, 그들이 다루는 문학은 과거의 유산이지 아직 오지 않은 미래의 문학이 아닙니다. 그들은 예전의 문학에 매료되고 취한 나머지 무수한 직종 중에서 평론가를 선택한 것입니다. 그만큼 과거의 문학을 탐닉하고 있으니, 그들이 미래에 추구하는 문학 역시 예전에 명작이라 일컬어지던 것의 연장선상에 있을 뿐입니다. 어쩌면 그들의 절반은 제2의 다자이 오사무를, 제2의 나쓰메 소세키를 기다리는 것인지도 모릅니다. 또는 톨스토이나 카프카에 한없이 근접한 소설가를 기다리는 것인지도 모르겠습니다.

그들은 획기적인 문학을 기다리고 있다고 말하지만, 그런 문학이 눈앞에 있어도 결국 이해하지 못할 겁니다. 그들이 그렇게 좋아하는, 이 정도면 따라갈 수 있겠다 싶은 문학을 훨씬 뛰어넘는 문학이 나났을 때는 당장 거부반응을 보일지도 모릅니다. 어쩌면 그들은 청춘 시절 감명을 받았던 문학을 지상 최고의 문학으로 여기고, 시대가 변하고 나이가 들어서도 그 영역 밖으로는 나가지 못할 뿐인지도 모릅니다. 그들은 그들의 문학 세계에 푹 빠져 평생을 보내려 할 뿐인지도 모릅니다.

어쩌면 그들은 문학을 사랑하는 것이 아니라 문학의 사랑을 원하는지도 모르겠습니다. 어쩌면 그들은 문학을 옷처럼 걸치고 자족하고 있는지도 모릅니다. 솔직하게 말하면, 그 정도 수준의 작품에 어떻게 그 정도로 빠질 수 있는지, 나로서는 도저히 이해가 안 갑니다. 나도 마음에 드는 소설은 있습니다. 그렇다고 그런 작품과 함께 전문적인 독자로서 평생을 문학에 바칠 수 있느냐 하면, 그건 전혀 자신이 없습니다.

과거의 작품을 뛰어넘거나 타도하는 새로운 작품이 해마다 줄줄이 등장한다면 평론가가 되어도 좋습니다. 설레는 심정으로 작품을 읽을 수 있으니까요. 그러나 쇠퇴를 운운하면서 몇 년이나 평론가에 머무르는 짓은 절대 못할 겁니다. 허망해서 할 수 없을 겁니다. 일찌감치 포기하고 다른 길을 선택하겠지요.

써 보지 않고는 알 수 없다

과거에 비해 책의 판매가 신통치 않다 못해 십 분의 일로 줄어들었다는 이유로 문학이 쇠퇴했다고 단정해도 좋은 것일까요. 날개 돋친 듯 팔리던 시절의 문학이 그 정도로 대단한 것이었을까요. 문학 자체는 쇠퇴하지 않았습니다. 아직 오지 않은 문학, 멋진 문학은 늘 거기에 있습니다. 그러나 정신이 쇠퇴한 소설가는 다가갈 수조차 없습니다.

당신 같은 소설가는 언젠가 반드시 거기에 손이 닿을 겁니다. 10년 후가 될지 20년 후가 될지는 알 수 없지만, 당신의 노력에 달렸습니다.

그날까지의 거리가 너무 아득해서 현기증을 느끼고 의욕을 잃고 멈춰 서서는 안 됩니다. 당신이 10년 전에 지금 같은 소설을 쓸 수 있으리라고 상상하지 못했던 것처럼, 앞으로 10년 후에 당신이 쓸 소설의 질이 얼마나 높을지는 상상할 수 없습니다. 멈춰 서서 그 먼 곳을 바라보지만 말고 묵묵히 써 나가십시오. 실로 간단하고 누구나 아는 상식인데, 정작 이해하고 실천하는 소설가는 많지 않습니다. 대부분의 소설가는 어느 정도 성공해서 이름이 알려지면 단박에 끈기를 잃고 좀 더 편하면서 수입이 높은 일만 하고 싶어 하다 점차 이상한 방향에 물들어 갑니다. 소설가라는 간판에만 의지해서 멀티 플레이어인 척 하고, 끝내는 본업으로 돌아갈 길을 잊고 맙니다.

먹고살 수 있는 수준의 소설가는 소설을 진지하게 써야 할 이유를 찾지 못합니다. 의욕 넘치고 번뜩임도 있고 건강 상태도 좋은 소설가라도, 예상 밖으로 잘 썼다고 할 수 있는 날은 1년에 기껏해야 사흘 정도입니다. 나머지 300여 일은 생각대로 쓰이지 않은 날들입니다. 잘 써지지 않는 것이 보통입니다. 그렇게 알고 펜을 들어야 합니다.

물론 잘 써지지 않는다고 생각했는데 정작 써 놓고 보니 자신도 놀랄 만큼 완성도가 높은 경우도 있습니다. 다시 말해서 써 보지 않고는 알 수 없다는 겁니다. 써 보지 않고는 알 수 없다는 점이 이 일의 묘미입니다. 해 보지 않고는 알 수 없는 일인데, 아직 시작하지도 않은 상태에서 전전긍긍 고민해 봐야 아무 소용이 없습니다. 지금은 쓰지 않고 있지만 언젠가는 반드시 화산이 폭발한 것처럼 쓰게 될 것이라는 꿈을 꿔서도 안 됩니다. 5년이 지나고 10년이 지나도, 지금처럼 쓸 마음이 있는 것인지 없는 것인지 스스로도 잘 모르는 날들이 기다리고 있을 뿐입니다. 쓰지 않은 만큼 실력이 줄어들어, 쓰고 싶지 않은 이유만 늘었을 뿐입니다.

그렇게 되느니 매일 꾸준히 쓰는 편이 좋지 않을까요. 그렇다고 어깨에 잔뜩 힘주고 쓸 필요는 없습니다. 갑자기 걸작을 쓰겠다는 무모한 포부를 품으면 금방 지치고 맙니다. 하루도 빼놓지 말고 조금씩 쓰십시오. 있는 힘의 절반 정도만 사용해서 느긋하게 써 나가십시오. 기분이 내키느니 마느니 하고 투덜거리는 것은 쓴 후에 마음껏 하십시오. 하루치 원고를 다 쓴 후에 불평이든 뭐든 하면 될 일입니다.

당신의 안목에 휘둘리지 마라

당신은 소설가의 길을 똑바로 걸어왔음에도 끝내는 벽에 부딪히게 되겠지요. 그 벽은 이류나 삼류 소설가들이 부딪히는 문제가 아닙니다. 그들은 뭘 쓰면 좋을지 모르겠다거나 쓸거리가 없어지는 벽에 부딪힙니다. 그러나 당신 같은 소설가에게 벽은 얼마든지 쓸 수 있으니 쓸 수 있는 만큼 쓰면 되지 않겠느냐, 하고 스스로 말할 수 없을 때의 고뇌에 대해서 말하는 겁니다.

쓰고 싶은 소설은 이런 게 아니다, 내가 목적하는 소설은 훨씬 더 엄청난 것이다, 하는 고뇌가 언젠가는 찾아옵니다. 이는 실력보다 안목이 점차 높아진 것에 따른 결과입니다. 진지하게 쓰면 쓸수록, 현재 오르고 있는 산이 낮게 느껴지고 그 정상에 올라서도 큰 감동이 없는 가 하면 주위에 훨씬 더 높고 매력적인 산봉우리가 솟아 있다는 것을 알고 실망하게 됩니다. 그러나 절대 초조해 하지 마십시오. 지금 쓰고 있는 작품을 내동댕이치고 다른 작품을 시도하는 따위의 짓은 하지 마십시오.

당신은 당신의 안목에 휘둘려서는 안 됩니다. 그저 당신의 현재 실력에 맞춰 느긋하게, 조금씩 실력을 닦아 가면 됩니다. 그 길밖에 없습니다. 실력을 닦으면 닦을수록 안목은 그 배의 속도로 높아집니다. 즉 실력과 안목의 격차가 점점 더 심하게 벌어진다는 뜻이지요. 그러나 그 격차야말로 순조롭게 앞으로 나아가고 있다는 증거이니 걱정할 필요가 전혀 없습니다.

적당히 써서 넘기는 소설가에게는 이런 고민이 전혀 없으니까요. 그들은 쓰면 쓸수록 실력과 안목이 격차가 점점 줄어들 것이라는 착각에 빠집니다. 그리고 그것을 향상이라고 잘못 생각합니다.

그런데 당신은 점점 벌어지는 실력과 안목의 격차를 후퇴라 이해하고, 쓰면 쓸수록 실력이 떨어진다는 착각에 사로잡힙니다. 그래서 염증이 난 나머지 앞으로 나아가지 못합니다.

어떤 세계도 그렇겠지만 그 길을 끝까지 걸어 보려

매진할 때, 앞길을 가로막는 벽은 무수하게 많습니다. 도저히 넘어설 수 없는 벽에 부딪혔을 때 불쑥, 좀 더 편하게 살고 싶다는 생각이 들고 이것은 인간다운 삶이 아니라고 깨닫곤 합니다. 그렇게 넘쳐나던 자신감도 점차 흔들리고, 세상에 아무 보탬도 되지 않는 이런 일로 인생을 헛되이 보낼 필요는 없다고 심각하게 생각합니다.

그러나 잘 생각해 보십시오. 당신은 문학을 떠나면 할 일이 있는지요. 소설을 쓰는 것 외에 전력을 다할 수 있는 일이 당신에게 있는지요. 그날그날을 빈둥빈둥 놀며 지내는 한가로움을 부정할 생각은 없습니다. 그러나 당신 같은 유형의 인간이 과연 그런 생활을 언제까지 계속할 수 있을까요. 게다가 다른 일을 하려고 해도 당신처럼 집단에서 불거지는 인간을 어느 직장에서 필요로 할까요.

그런 것까지 다 알고 있는데도 이 일을 하는 게 더는 참을 수 없을 때가 있을 겁니다. 지금까지 내가 얘기해온 긴장된 생활을 몇 십 년이나 계속하는 것이 정말 가능한 일일까요. 어느 날 당신은 문득, 하루라도 좋으니 빈둥거리며 지내고 싶다고 생각하겠지요. 인간은 이렇게 살면 안 된다, 언어를 엮는 일로 영혼까지 엮고 싶지는 않다, 좀 더 해방된 인생을 보내고 싶다, 더 이상

참을 수 없다…….

좋습니다. 당신이 그렇게까지 말한다면 나도 말리지 않겠습니다. 그러나 당신을 포기하는 것은 아닙니다. 그런 생각이 드는 것은 당연하기 때문입니다. 그런 생각이 들지 않는다면 그것도 이상한 일이어서 당신의 재능이 정말 신뢰할 수 있는 것인지 의심해 봐야 할 것입니다. 그 이상함은 소설가에게서 빼놓을 수 없는 이상함과는 종류가 다른 것입니다.

당신이 만약 내가 말한 대로 생활하면서도 별문제가 없다면 당신은 500년에 한 번 나올까 말까 한 초대형 천재이지만, 그렇지 않다면 정체될 가능성이 있는 평범한 사람에 불과하겠지요. 사지에 아무런 이상이 없는 사람이 몇 년씩 방에 틀어박혀 소설만 쓸 수는 없습니다. '문학 따위는 평생 몸 바칠 일이 아니다' 하는 생각이 스멀스멀 기어올랐다면 당신에게는 아직 쓰기 위한, 좀 더 멋진 작품을 낳기 위한 에너지와 재능이 충분히 남아 있다는 증거입니다.

고독에 넌더리가 났을 때

나는 그런 당신을 말리지 않겠습니다. 말린다고 말

려진다면 그것은 진짜가 아니니까요. 그런 생각에 시달리고 있다면 당신은 펜을 내던지는 수밖에 없겠지요. 어쩌다 쓰고 어쩌다 안 쓰는 어중간한 태도를 취해서는 안 됩니다. 펜을 내던졌으면 단호하게 소설을 떠나십시오. 돈이 필요하면 돈을 쫓아가면 됩니다. 다른 일을 많이 하면서 세상이 참 만만하다고 큰소리를 칠 수 있을 때까지, 체면불구하고 돈을 버십시오. 그러나 소설로 돈을 벌려는 생각은 하지 마십시오. 질 낮은 소설로 독자들 비위를 맞추는 일은 절대 하지 마십시오. 그런 짓을 해서는 두 번 다시 소설로 돌아올 수 없습니다.

본능에 충실하게 살아 보고 싶다면 마음껏 그렇게 해 보십시오. 아주 갈 데까지 가 보는 겁니다. 그런 일에 인생 전부를 걸어도 후회가 남지 않을지 어떨지를 깨달을 때까지, 사람들의 이목을 살피지 말고 해 보십시오.

또 고독에 넌더리가 나서 이제는 좀 더 다양한 사람들과 교류해 보고 싶다면 그런 만남도 시도해 보십시오. 해 보지 않고는 알 수 없는 일이 참 많습니다. 책에서 얻은 지식보다 경험에서 얻은 진리가 보다 확실하고, 소설가에게는 중요한 기반이 됩니다. 젊을 때는 자기 문학 세계의 저변을 넓히고, 나이가 들어서는 깊이를 추구하는 것이 옳습니다. 저변을 넓히려면 무엇보다 경험과 체험이 필요합니다.

그러나 잊지 마십시오. 당신은 폭탄을 껴안고 있는 인간이라는 점을. 한 번 펜을 내던지면 보통 사람들보다 몇 배는 과격하게 행동하는 탓에 파멸로 직결될 수도 있다는 것을 말이지요. 언어의 세계에서 현실 세계로 한걸음 들어서는 순간, 당신은 누구의 충고도 듣지 않습니다. 당신 내면의 경고에도 따르지 않고 추락할 데까지 추락합니다. 예술가의 재능이란 그런 것입니다.

어쩌면 그러다 당신은 두 번 다시 문학의 세계로 돌아오지 않을지도 모르겠군요. 술과 약에 절고, 병에 걸리고, 돈과 이성에게 당한 나머지 그대로 지옥에 떨어질지도 모릅니다. 그럴 때 당신은 진짜 재능의 소유자인지 아닌지 시험대에 오르게 됩니다.

만약 당신이 진짜 재능 있는 사람이라면, 아무리 참담한 상황이더라도 자신의 영혼과 직접 마주했던 그 귀한 체험을 물거품으로 돌리는 짓은 절대 하지 않을 겁니다. 어느 날 거의 본능적으로 쓰고 싶어진 당신은 다시 펜을 쥐고 허물 벗은 소설가가 되어 문학 세계로 돌아올 겁니다.

돌아가고 싶은데 돌아갈 수 없다는 생각이 강하게 든다면, 그때는 소설가로서의 재능이 거기까지라고 판단하고 포기하십시오. 문학 주변을 어정거리며 고뇌하기보다 깨끗하게 포기하는 편이 신상에 좋을 겁니다.

그러나 당신은 돌아올 겁니다. 소설이 아닌 것이 당신을 완전히 사로잡는다 해도, 그리 오래가지는 못할 겁니다. 직장인의 몇 배에 달하는 수입으로 누린 생활은 어땠나요. 알코올과 대마초와 코카인이 주는 찰나의 허망한 도취는 어땠나요. 마음 맞는 이들끼리의 교류―어차피 서로의 상처를 핥아 주는 것에 불과한―는 어땠나요. 멋진 경험이었나요. 물론 여러 가지 수확은 있었을 겁니다. 특히 큰 수확은 소설을 쓰는 것 이상으로 충만함을 얻을 수 있는 길은 없다는 깨달음이겠지요.

하고 싶은 대로 멋대로 사는 나날 속에서 당신은 틀림없이 아주 큰 것을 잃었고, 또 아주 큰 것을 얻었을 겁니다. 잃은 것은 가족과 친구, 재산, 신용이 되겠군요. 그리고 얻은 것은 잃어버린 모든 것이 남긴 깊은 마음의 상처이겠지요. 그러나 그런 상처가 보통 사람들에게는 아무 도움이 되지 않겠지만, 다시 펜을 든 당신에게는 무엇보다 큰 재산입니다. 그 상처는 자신의 한계를 몸으로 깨달았다는, 현실과 꿈의 경계를 직접 보았다는 징표입니다. 언어의 세계가 어떤 것이며 언어 밖의 세계가 어떤 것인지, 당신은 큰 대가를 치러가며 몸으로 깨달은 것입니다.

당신이 앞으로 작심하고 소설을 써 나가는 데 있어 그 깨달음을 훈장 삼아서는 안 되겠지만 소중한 보물로는 여겨야 할 겁니다. 그것이 당신에게 소설을 쓰게 하고, 한없이 늘어지는 것을 막아 주니까요.

그러나 돌아올 마음이 생겼다고 해서, 의욕이 충만하다고 해서 소설을 중단했던 그 상태로 바로 돌아갈 수는 없습니다. 소설에서 멀어졌던 몇 년 동안 실력은 녹이 슬었으니까요. 그 점을 충분히 자각하고 조금씩 천천히, 그러나 쉬지 않고 계속 쓰도록 하십시오.

생활 패턴을 소박하고 단조롭게 바꾸고 사람을 멀리 하십시오. 식사도 꼬박꼬박하고 적당히 운동도 하십시오. 수면은 지나치리만큼 충분히 취해야 합니다. 조급함은 금물입니다. 당신은 이제 알고 있을 것입니다. 정신이 고양된 나날에서는 감동을 얻을 수 있지만, 그 감동을 작품으로 엮는 것은 쉽지 않은 일이라는 것을. 차분하게 지속되는 충실함 속에서, 소설가 자신이 아니라 읽는 이를 감동하게 하는 작품이 태어납니다.

소설로 돌아와 도전해야 할 일

다시 소설로 돌아온 당신은 그 전과는 크게 달라져

있을 겁니다. 이제 망설임은 없을 겁니다. 다른 인생이 있지는 않았을까, 다른 일을 할 수도 있지 않았을까, 그런 의문은 환상에 지나지 않았습니다. 이제는 쓰는 일밖에 없습니다. 그것도 과거에 없었던 문학을 창조하기 위해, 과거에 없었던 소설가가 되기 위해 써야 합니다. 대중매체에 이용당하는 소설가가 되어서는 안 됩니다. 국가에 유리한 예술가가 되어서도 안 됩니다. 문단의 원로나 대선배가 되기를 원해서도 안 됩니다.

그 외의 일은 자유롭게 하십시오. 내가 하고 싶은 말은 단순합니다. 소설에 몰두하고 집중하라는 것입니다. 소설가가 자신을 증명하는 증거는 작품뿐입니다. 이 당연한 것을 잊지 않도록 하십시오.

나는 지금까지의 당신이 아니라 앞으로의 당신에게 기대를 걸고 있습니다. 지금까지의 당신은 그저 도움닫기를 했을 뿐입니다. 그 정도로도 우리나라에서는 장사가 되고, 연륜 있는 소설가 대열에 낄 수 있겠지만, 그 선에서 만족해서는 안 됩니다. 당신은 이제야 겨우 문학의 입구에 섰습니다. 인생이 얼마나 남아 있을지는 알 수 없지만, 또 그 꿈이 실현될 수 있을지는 아무도 모르지만, 다른 명작과 걸작의 가치가 희석되고 마는 작품을 다른 누구도 아닌 당신이 쓰는 겁니다. 만약 그런 작품을 쓰게 된다면, 다음에는 당신의 그 작품을 뛰어넘는 작품에 도전하는 겁니다.

그러나 문장에는 충분한 주의를 기울이십시오. 현재 쓰고 있는 문장―문체라 해도 상관없습니다―은 그리 난해하지 않고 일상적인 수준입니다. 이는 아주 이해하기 쉽고, 자유롭고, 어려운 것을 쉽게 전할 수 있다는 점에서는 효과적입니다. 그러나 점차 쉬운 쪽으로만 흘러가 음악의 화음과 마찬가지로 언제부터인가 때가 묻어 끈적거리고 더러워졌습니다. 한계에 도달한 것입니다. 문학은 언어의 예술입니다. 주제가 새로워도 문장이 고리타분하면 새로운 문학이 될 수 없습니다.

산문은 지나치게 많은 탓에 힘을 잃고 퇴색해 버렸습니다. 산문의 한계에 도전하는 혹독한 자세로 쓰인 작품은 그나마 낫습니다만, 요즘에는 그런 패기가 느껴지는 작품을 좀처럼 볼 수 없습니다. 그 때문에 음악에서의 화음과는 좀 다르게, 산문에 개발의 여지가 조금 남아 있습니다. 그런 개발 또한 의의 있는 일이며 거기에 새로운 문학이 탄생할 가능성이 숨겨져 있기도 합니다. 하지만 훨씬 더 획기적인, 기존의 문학을 단번에 타파할 수 있는 걸출한 작품을 낳으려 한다면 어떻게 만지작거리든 산문으로는 한계가 있을 것이라 생각합니다.

산문을 기반하여 다양한 문체를 연구할 필요가 있습니다. 소설과 시의 경계, 산문과 운문의 경계를 제거하는 것도 한 방법일 수 있습니다. 문장에 활기를 주기 위해 아르카이즘*을 도입하는 것도 나쁘지 않겠지요. 그러면 화음과 불협화음이 적절하게 교차하는, 지금까지 없었던 신선함과 중후한 울림을 낳을 수 있을지도 모르겠습니다.

그렇다고 언어유희나 실험을 위한 실험을 하게 되면 현대 음악이나 추상화가 빠진 함정에 빠질 수도 있습니다. 함정에 빠지지 않기 위한 균형 잡기가 쉽지는 않습니다. 알맹이 없는 무의미한 유희를 지나치게 펼치기만 해서는 본질과 핵심에 도저히 도달할 수 없습니다.

생각이 있으면 수단은 뒤따라온다는 말이 있지만, 언어는 아무리 생각이 있어도 절대 뒤따라와 주지 않습니다. 당신이 번듯한 작품을 계속 발표한다 해도 언어의 풍부함이란 점에서는 아직도 부족함이 있을 겁니다. 아니, 어쩌면 문체의 매너리즘에 빠져 있을지도 모릅니다. 만약 그렇다면, 시간을 할애해서 소설을 쓰는 행위와는 별도로 도구인 언어 자체를 전체적으로 점검

---

* 일상에서 더 이상 사용하지 않거나 특수한 문맥에서만 의도적으로 사용하는 어구. 고문체 또는 의고체라고도 한다.

해야 합니다. 언어 하나하나의 의미와 그 효과가 충분히 파악될 때까지 철저하게 맞붙어 싸워야 합니다. 마음이 움직이는 대로 쓰면 된다는 안이한 자세로는 더 높은 산에 오를 수 없습니다.

당신은 문예지에 실린 수많은 작품의 문장과 자신의 문장을 비교하면서 안도의 한숨이나 쉬고 있을 때가 아닙니다. 당신은 뒤를 돌아봐서는 안 됩니다. 돌아볼 필요가 없을 만큼 당신은 저만치 앞서 있습니다. 또 당신이 과거에 쓴 당신의 그림자 같은 작품과 비교하는 허튼짓을 해서도 안 됩니다. 당신은 늘 새로운 빛을 찾아 앞으로 돌진해야 합니다. 그 외의 일들에는 아무런 가치도 없다는 것을 꼭 알아야 합니다.

전작소설을 쓴다

그리고 한 작품 한 작품에 아직 누구도 본 적 없는 강렬한 빛을 담으십시오. 가능하면 그 작품을 발표하는 형태는 전작소설이 좋습니다. 당신이 작품을 독자에게 곧바로 들이밀 수 있기 때문입니다. 당신의 책을 서점에서 구입하는 독자는 오직 당신의 작품을 만나고 싶어 그 책을 집어 든 사람들입니다. 그런데 문예지에 주기적으로 실으면 그런 반응이 분산되고, 이런 게 어떻게 문학일 수 있을까 싶은 한심한 작품들과 똑같이 다뤄지는 수모도 당하게 됩니다.

물론 전작 형태는 문예지에 일단 발표했다가 다시 단행본으로 엮어서 출판하는 형태에 비해서 여러 가지 문제점이 많습니다. 우선 수입이 대폭 감소합니다. 많은 독자들이 책을 구매해 주면 좋겠지만, 문학의 한계에 도전한 작품은 작품을 편하게 읽고 싶어 하는 대부분의 독자로부터 외면당하기 일쑤입니다. 인세 비율이 2~3퍼센트 높은 것은 맞지만, 문예지에 실어 일단 원고료를 받은 후에 다시 책으로 출판하는 쪽이 수입을 올릴 수 있습니다.

이런저런 허접한 일을 하면서 그 틈틈이 조금씩 써서 발표한 작품을 7년에 걸쳐 쓴 대작이라고 허풍을 떠는 그런 의미에서가 아니라, 꼬박 1년 반에서 2년에 걸쳐 간신히 완성한 작품을 전작 장편이라는 형태로 출판해도 금전적으로 완전히 보상받을 가능성은 아주 낮습니다. 그러니 매 작품마다 전작 형태로 발표할 수는 없습니다. 그래서는 다음 작품을 쓰기 위해 필요한 생활비조차 마련할 수 없으니까요. 그만큼 여러 가지로 어려운 일이기는 하지만, 그래도 전작으로 발표하는 것은 충분히 가치 있는 방법입니다. 전작이야말로 쓰는 이와 읽는 이 사이에 불꽃이 튀는 유일한 형태라고 확신합니다.

그보다 더 큰 문제는 출판사에 그럴 의지가 있느냐 하는 것입니다. 전작 형태로 발표하는 것은 소설가에게도 그렇지만 출판사로서도 일종의 도박입니다. 작품의 질은 차치하고 판매에 집착하는 것이 출판사입니다. 그것도 적자를 내지 않는 정도, 조금 흑자가 생기는 정도로는 좀처럼 그럴 의지를 보이지 않습니다.

전작 형태로 출판되는 책이 문예지에 실렸거나 신문에 연재되었던 작품과 같은 수준이어서는 굳이 전작으로 출판하는 의미가 없습니다. 기존의 당신 작품과는 다른, 의욕적이고 참신하고 자신 있는 작품이 아니면 안 됩니다. 이 한 작품의 가치를 세상에 묻겠다는 각오로 쓴 작품이 아니면 안 됩니다. 그런데 전작 출판의 현실은 그렇게 녹록지 않습니다. 언제나 문제시되는 것은 책의 판매고입니다. 언제부터인가 출판사도 전작이라는 형태를 문학상과 마찬가지로 판매고를 올리기 위한 수단으로밖에 여기지 않고 있습니다.

그러다 문학상과 마찬가지로 전작이라는 번쩍거리는 간판이 통용되지 않고, 그 술수를 독자에게 들켜 판매로 이어지지 않자 일제히 손을 떼고 말았습니다. 정말 전작에 걸맞은 작품이 등장했다 해도 출판사는 여느 형편없는 책과 똑같이 다루겠지요. 소설가가 한계에 도전한 작품을 썼어도 출판사는 도전하려 하지 않습니다.

문학에 대한 출판사의 열정은 작가나 평론가가 쇠퇴를 외치기 훨씬 전에 이미 식어 버렸습니다. 열정은 식었지만 출판으로 돈을 벌어들이고 있으니, 그들의 관심은 작품의 질이 아니라 판매고로 옮겨간 것이지요.

그렇게 해서 편집자들은 그러는 것이 편집자의 주된 일이라고 생각하게 되었고, 문학은 몰라도 문단을 알면 된다는 방향으로 기울었고, 판매고만 머리에 새기고 있으면 된다고 여기게 되었으며, 결국은 제 손으로 문학의 목을 조이려 하고 있습니다.

물론 모든 편집자가 그런 것은 아닙니다. 그런 편집자들은 머지않아 정년을 맞아 현장에서 물러나게 되니까요. 그들 밑에는 몇 안 되지만 젊고 의욕으로 들끓는 편집자가 확실하게 있습니다. 그들은 당신 같은 소설가가 등장하기를 고대하고 있습니다.

미래의 문학을 짊어질 사람

미래의 문학을 창조하는 사람은 당신 같은 소설가와

당신을 지원하는 편집자입니다. 인간만이 창조할 수 있는 이 예술이 사라진다는 것은 있을 수 없는 일입니다. 인간이 언어를 소통의 도구로 사용하며 살아가는 한, 문학의 생명은 영원합니다. 쇠퇴한 것은 문학이 아니라 문학에 관계하는 인간입니다.

안정된 시대에서 충실하게 살아가는 데 익숙하지 않은 사람들, 모든 것이 너무 풍족해 뭘 고르면 좋을지 모르는 사람들, 그런 사람들 중에서 미래의 문학을 짊어질 소설가가 나올 가능성이 있으리라고는 생각지 않습니다. 어린이로 돌아가고 싶어 하는 어른 같은 소설가는 새로운 문학을 탄생시킬 수 없습니다. 권위주의자나 사대주의자 역시 자유로운 작품을 창조해낼 수 없습니다.

미래의 문학은 자립했거나 자립하려는 소설가만이 짊어질 수 있는 것입니다. 나는 당신의 등장을 한결같이 기다리고 있습니다. 소설에 전념해야 한다는 기본을 무시하고 이 책을 쓴 것도, 오직 당신 같은 소설가가 등장해 주기를 바랐기 때문입니다.

당신 같은 소설가가 적어도 다섯 명, 아니 세 명이라도 나타나 준다면 양질의 독자를 끌어들일 수 있습니다. 그런 새로운 독자들 중에서도 어쩌면 소설가가 될 만한 사람이 있을지 모릅니다.

내가 지금까지 늘어놓은 말을 부정하든 긍정하든, 소설가의 입장에 있는 사람이라면 말이 아니라 작품으로 보여 주십시오.

　문학의 무한히 너른 바다 한가운데에서, 당신이 언젠가 수평선 저 너머에서 홀연히 나타나기를 즐거운 마음으로 기다리고 있겠습니다. 그리고 나와는 정반대되는 자세로, 이 책을 비웃으면서, 나를 깜짝 놀라게 하는 작품을 들고 나타날 당신을 고대하고 있겠습니다.

아직 오지 않은 소설가에게

초판 1쇄 발행 2019년 5월 17일
개정판 1쇄 발행 2025년 10월 17일

지은이 마루야마 겐지
옮긴이 김난주

펴낸곳 (주)바다출판사
주소 서울시 서대문구 신촌로3길 15 6층
전화 02 - 322 - 3675(편집) 02 - 322 - 3575(마케팅)
팩스 02 - 322 - 3858
이메일 badabooks@daum.net
홈페이지 www.badabooks.co.kr

ISBN 979-11-6689-374-2 03800